晃荡成都

Huangdang Chengdu

苏 伟 著

中国旅游出版社

题 记

成都位于四川盆地中央，四周山系环绕，呈典型的盆地气候和亚热带季风型气候，春天来得早，夏天比较闷热，秋天凉爽宜人，冬天无严寒霜冻，日照少，常常多雾而少风。

厚重的历史文化和丰饶的自然条件酿就了成都人富足、温和、闲适的生活态度，并使得成都被公认为如今中国幸福指数比较高的城市，正是由于许多方面的出色，成都还俗称为“中国最好耍的地方”和排位京沪穗之后的“中国第四城”。作为四川省的省会，成都现在有1400万人口，城市规模和体量已经不小，当然，它的经济总量也位居西部诸城之首。

因此，这是一个值得从多个方面去品味的地方。作者将本书作为行游与阅读的心态互动，是在成都晃荡来晃荡去时积累的经典心得，同时，又作为听任天性的自游摆布和几无原则的吃喝玩乐攻略，很希望从一些闲趣方面去望闻问切这个城市的文脉特色。其中的好些评价说法多是作者从书上看来和街边听来，想必游客在各自的晃荡当中也希望随问随知这些叫做文化背景的东西。不当之处，望予见谅。

在成都晃荡

◎苏 伟

出来晃荡，当然要选个好地方。

成都是当下公认的休闲之都，所以，去那里看看一定是最恰当的。

成都是个十分干净的城市，坐落得也很规矩，有点超乎想象，因为处于一个平原地带上，想找个坡来爬也是困难，所以，整个城区就是那种不受地形所限，向四围尽情地平铺展开的样子。

要是加上一些想象，这座城市就成了一个方正得当的圆，由几条巨大的环形圈层道路把城市围绕起来，犹如一层一层包裹起来的肥硕大馅的烧饼一般。

作为一个文化与商业同样繁荣的大城，它有纵横两条主干道在城市当中的圆心交叉，把成都的东南西北分隔成了十分均衡的四个象限，这便让人很容易把握和判断这个城市的区域特点和方位，正因如此，一般从外地来的人总是会在出租车上首先听到司机大哥热情洋溢地介绍："我们的城中心就在天府广场的主席雕像那儿。"

找到了这个基本点，所有的人就不愁找不到来去的方向了。

到处是车来车往，看上去街道的两旁已经没有了那种对比较大的新旧建筑反差，上个时代的陈旧痕迹基本上被消除干净，让人觉得这是一座完全的新城。

人很多，商铺名店也很多，女人们无论年轻还是不年轻，都穿戴得体，勇敢地呈现着一簇簇斑斓和优雅。她们在很大程度上标志了这座城市的品位与活力。

跟许多城市不大一样的，似乎在于这里的某种肆意缓慢，一种很是惬意的舒畅线条画出了这座城市的个性所在，以至于它所有的地方都渗着文化得不行的那种周章，天大的事情在他们那里全然都是一副“哎呀，不存在”的文化缓释，在大俗大雅之间，人们总是显得有理有节，而且落落大方，在创造舒适中，他们并不回避自然天成的习性，譬如迎面看来一位惊心的美女，那闪着荧光的紫蔻纤指间也总捏着一根腌卤店买来的鸡翅膀，在唇红齿白间滋滋熟练地啃；明明是一家富丽堂皇的食店，却偏偏挂了个“胖妈烂火锅”的恶俗招牌，竟然还能够做到一天到晚都门庭若市；即或是偶尔听来些街边的出言不逊，那也会是一段有盐有味，特别婉转悠扬，又极有章法的方言戏谈……

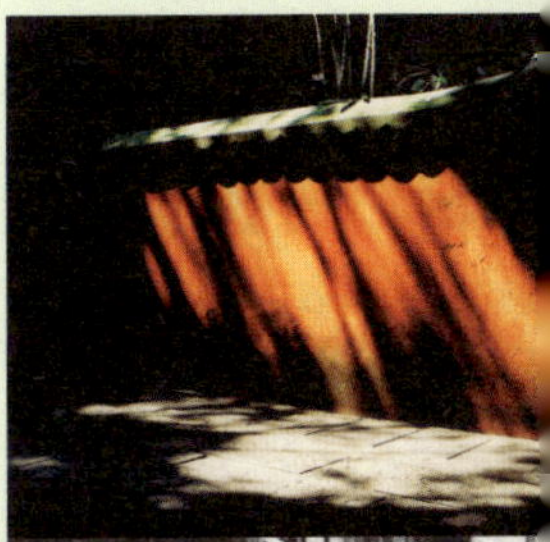

从这些角度去认识这座城市，差不多便是我们想象中很文化的随性成都了。必须指出的是，历数中国的许多大城市，几乎很少有具备这样悠闲素质的，它让每个人在同样温湿的环境中不断孵化知足、不断形成淡定、不断酝酿快乐，并且不断养成和提升对饮食和茶色味道的品评判别，以及技术鉴定的习惯，并且达到相当水平和异常痴迷。

目录 Contents

PART 05

PART 06

PART 07

PART 08

PART 09

PART 10

PART 11

PART 12

PART 13

PART 14

尾 篇

PART 01

学点方言 混成都

Cheng Du

成都不光东西好吃，成都的方言还很好听呢。

成都话是川话中的标准普通话，本属于北方方言类，但凡讲国标普通话的皆能够听懂，只是那些地道的表达必须有所见识才能够领略其中的特别滋味。因此，学会一些成都话，还能够帮助你体会到不一般的文化感受。

成都话兼有南方话细软和甜腻的优点，却不如北方话那样重关系表达、直接叙述事件完整和刻板，而是随时都有点随心所欲，甚至幽默搞笑的嬉皮士感觉。

这是一座几乎没有民俗戒忌的城市，所以成都人的性情中庸略带夸张个性，喜欢渲染和拍着胸脯说一些“三年早知道”的事情，或者眉飞色舞于一些天上地下古今中外无所不知，很内行很老练的大话。除了在打麻将时的那种椒盐味十足妙趣横生的江湖味道外，成都话似乎特别适合吵架用，那种骂人、挖苦人不带脏字的功夫，不光全国少见，而且平仄起伏节奏悦耳，有棱有角煞是好听，就是偶然在大街上听到人争吵也是件颇令人享受的事情。尤其是买卖东西时，成都话都显得十分大气，每个人都简直不把自个儿当外人，扯起嗓子就喊：“嗨！师兄，帮我拿两包烟！”买什么都绝对不说个买或者卖字。还有的在菜摊上买菜干脆说“孃孃，给我抓两斤毛豆”，好像谁要在话语中提到买跟卖就很小气似的。

下面列出一些在当地常会听到或用到的方言关键词，既是一种文化比对，又可以帮助来成都晃荡的人适当掌握，如果试着把它们放在一些言谈交流中，只需两三天就可以跟当地人亲切攀谈了。

一、生活用语

摆龙门阵——聊天

爪子——干什么

师兄——兄弟

涮坛子——开玩笑

弄巴适——把事情做好

展一哈——移一下

相因——便宜

稳起——坚持

扎起——支持

二天——以后

称展——形容人长得帅气，或指衣服穿得漂亮

拾千儿——剪刀石头布

切——去（有的四川话念“气”，或者“借”）
整——用途广泛的动词，例：“整碗方便面”
巴适——合适、舒服、心满意足
弄归一——把事做彻底
扯筋、扯皮——吵架，或闹纠纷
杀割——结束
分分钟——马上
整拐了——弄错了
估到整——逼迫去做
非大八大——形容很大
滴点儿——很少
吼头——里面
茅厮——厕所
改手——上厕所
老挝儿、婆娘——老婆
回锅肉——回锅肉

二、状态词

巴倒——粘连、依靠的意思
撇脱——干脆，洒脱
冰欠——冷
区马打黑——非常黑
扑丘闷街——形容过于满
阵仗之吓人——场面宏大
环胜——经常
颠转——反而
多半——很可能
告一哈——试一下
不成在——不存在，没问题，小事一桩
莫来头——没关系
搞不赢——忙不过来
搞不醒豁——搞不明白，搞不懂
安逸——舒适、令人满意、精彩等
打脚球——踢足球
对头——是的
嗯是——确实是
不摆咯——非常好的省略句式
扯扑汗——打呼噜
卡卡角角——角落
勾兑——联络感情，密谋，请客送礼
利边——故意
贴起——跟随
恼火——麻烦
哦嚯——失望的语气词
糟了——完蛋了，糟糕了
飞——很，如“飞辣”“飞安逸”等
耿——整个，全部。耿数，就是整数
洗白——完蛋、结束
搞个铲铲——什么也没有

三、形容词

悬吊吊嘞——不稳妥

红扯扯嘞——红得难看

淡瓦瓦嘞——平淡无味

温都都嘞——温热合适

火瞟瞟嘞——灼伤般地疼

高耸耸嘞——很高

肥懂懂嘞——很胖

短处处嘞——很短

念栋栋嘞——黏稠的

雾独独嘞——冷不防

凶巴巴嘞——厉害

粑希希嘞，粑露露嘞——软

四、语气助词

哦！——肯定，是这样

啊！——肯定，不错，是这样

哈！——有亲切感的语气助词，或轻微的疑问

嗦！——疑问式的肯定。例：原来在这个地方嗦！

喃？——疑问，自问。例：咋个的喃？

哇？——疑问，求证的语气助词，相当于“吗？”

嘎？——明知或和都认同的故问

嘞——的

兮兮——语气后缀，例：“神经兮兮嘞”“脏兮兮嘞”“瓜兮兮嘞”

绰绰——语气后缀，例：“神绰绰嘞”“哈（傻）绰绰嘞”

五、东西物件

恩恩儿——鹦鹉

曲蟮儿——蚯蚓

盘海——螃蟹

磕西头儿——膝盖

飞飞儿——小纸条

踏踏——地方

切猫儿——青蛙

赖格宝——癞蛤蟆

丁丁猫儿——蜻蜓

倒拐子——手肘

杀片儿——拖鞋

火炮儿、遥裤——内裤

还子——鞋子

猪儿——出租车

六、埋汰人语

弯脚杆——见识少的人，也称弯弯

占楼子、占花儿——出风头

弹崩子——弱智

广耳石——不懂事的人

假老练——冒充经验十足

扯把子——吹牛皮、撒谎

瓜兮兮嘞，瓜不兮兮嘞——傻头傻脑

神绰绰嘞——神经兮兮的

烦造造嘞——烦人

惊抓抓嘞——大惊小怪

疯扯扯嘞——疯疯癫癫

俗杂杂嘞——俗气

谎西西嘞——很是糊涂

贡来贡切嘞——窜进窜出

笑人巴沙！——太可笑

你娃好抖怂哦！——你太小家子气

你的东西太烫咯！——你手段多，不好惹

闹个锤子——吵什么吵

牙尖拾怪——多嘴，搬弄是非

理扯火——做人做事不牢靠，或者是故意搞怪

木得很——反应慢

转得稀烂，把老子洗疼咯——乱评价，说人是非

打不过调——脑壳转不过弯

弄不醒豁，搞不懂——搞不明白

惊风火扯——急急忙忙

孬——差劲

恼火求得很——事情麻烦，令人气愤

豁别个——骗人

日本人——自嘲的表达

装神——装模作样，演戏给别人看

挖连——恶心

梭边边——不承担责任

扭倒膘——惹事，挑衅

冲壳子，打冲拳——吹牛皮，说大话

打滥仗——不务正业，或不按常规办事

蹿蹿儿——中间商的贬称

晃——东游西逛，脱轨没有正形，也指好沾美色

逗——吝啬

MOET
CHANDON

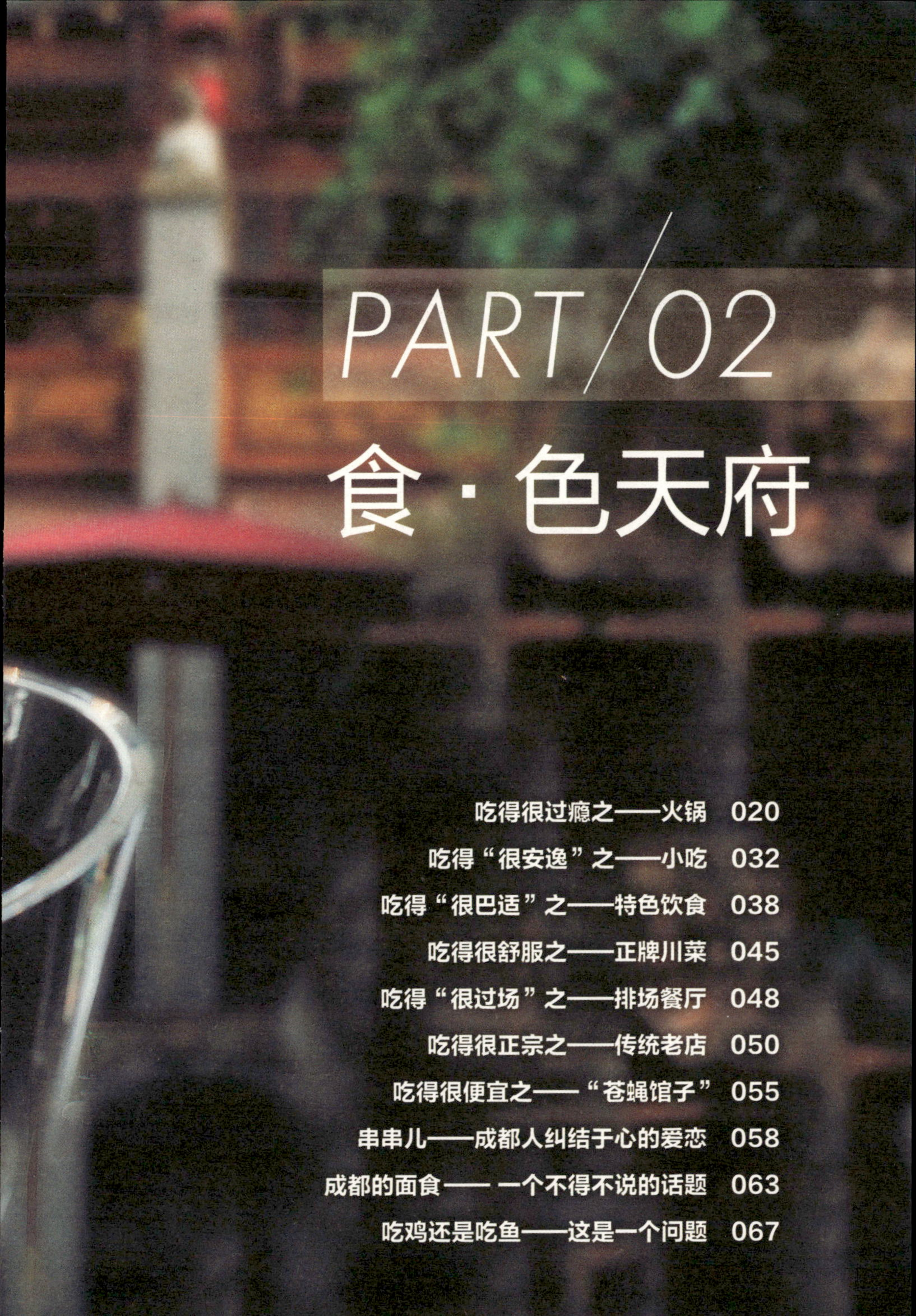

PART 02
食·色天府

到了成都，第一要务当然是吃。

既然已经来到了这个美食王国，那还有什么比“吃”这件事情更为重要的呢？想那古往今来的游客，有哪个不是连背包都没有来得及卸下来就直奔了那些大快朵颐之地的呢？

能够抵抗诱惑的人好像真没有。

历史上对于成都市美食的评价，断是兴盛于唐宋之后，不然杜甫在成都留下的两百多首诗歌大作就不会那么凄楚悲秋，就是李白和后面的“苏东坡们”在吃的问题上好像也未多说什么，倒是陆游有过一些这方面的赞许……沉默年代，他们更加感喟于一些离愁别绪，要不就钟情于田园山水，对于吃食的精道品评是到了清朝、民国以后才开始细腻起来的。

事实上要用文字把成都的美食描述清楚也不是一件容易的事情，因为现在的品种和分布已经丰富到让当地人也眼花缭乱的地步。尽管到目前为止，在成都吃什么，怎么吃，并没有一个统一的说法，但大致的原则还是有的，那就是你无论从什么地方吃起，都有必要适当地分一分类，要不然一年 365 天也吃不出个章法来。

因此，寻吃，寻好的东西吃，便首先作为成都人的生活方式存在，特别是当我们看到许多成都人一天所忙之后，大

都不会怠慢了晚上那一餐好饭，就羡慕、嫉妒加纳闷。没有办法，谁让他们赶上个出味道的地方呢！每到下午临近晚饭的时分，只要坐在车里，那成都的广播电台几乎所有的主持人全都会跳出来用四川方言接听听众热线，为大家介绍好吃好喝的去处。然后就让人觉得，那种自带腔调、有盐有味的成都方言除了能够拿来吵架以外，好像最适合的还是用来说吃。往往几句话就可以把人腮帮两边的馋涎直接说出来。他们还在与听众的互动中随时插科打诨，不时地把一些叫作“美食情报”的信息，以风趣幽默的方式发布给人们。所以，在那些绘声绘色的龙门阵前，再矜持的人也难以自持，且径直改变路线，跟随他们的指引，奔一种绘声绘色的口味而去。这被成都人形容为“好吃得不摆，打个飞的也要去！”无论怎么样，“好吃，就是好吃！”这既是每天都沉浸在天府之都美食当中老百姓的肺腑之言，也是他们所笃信的颠扑不破和实实在在的天地之道理。

作为在成都晃荡的外地人，一般吃一次火锅、一次名小吃、一次正牌川菜、一次串串香、一次“何师烧烤”便足以觉得进了天堂一般，但若有时间深度游的话，就从成都的千万家店里挑选一些出来，那才是神仙过的日子呢。

PART 02
食·色天府

01 / 吃得很过瘾之——火锅

火锅是川菜饮食中最典型的吃食，作为一种最具革命性和最有风暴感的伙食，近些年以来，它以地毯式的覆盖，席卷了大江南北各地人民的胃口。

想那一锅沸腾着、油香四溢的辛辣，定是只有在川人的巧手下才熬制得出那样的味道来。在那谁都拿得起却谁都难以放得下的勾人味道里，所有的向往和激动是绝不分意识形态的。美味往往让人奋不顾身，可以说在成都没有人经受得住火锅的诱惑，你只要从门前一过，从那飘散的味道里就可以判断出好吃不好吃。所以，有好些人是走着走着忽然就闻到了心动的香辣而止步不前了。外地有人这样平静地指出：火锅之所以如此受到人们的喜爱，根本上是因为火锅是一种包罗万象，又热情似火，而且最平易近人的吃法。这虽然有些像在评价劳模或干部，不过话倒也真，任何人来到成都的头档节目，只能是火锅！

成都与重庆差不多同享了火锅源头的荣誉，这方面的传说有不少，有赞重庆的，也有颂成都的，有一种说法比较客观，它讲是重庆首创了火锅的吃法，但是真正将火锅引堂入室、发扬光大使之成为经典的，还是成都。

这就要说到过去，话说在那长江和嘉陵江的边上，重庆的船工崽儿们吼号子下苦力拉船挑货一天下来，围在码头边上喝两口解乏的小酒时，总是觉得口味重得不行，不吃点荤的简直就攒不够第二天继续干活使力的精气神。所以，有人就在船边岸上支上一口滚锅，豆瓣、海椒、葱姜蒜搁一锅，熬出香味后再把豆腐白菜、小鱼小虾往辣椒汤里一煮，再搞点肠肠肚肚即烫即食地一涮，从此一锅锅翻江倒海的麻辣火锅就开始向各地蔓延，逐渐成为巴蜀人家的共同喜爱了。

而在润泽一方的成都，这方面的传说也不少。有说法是，成都因为地处天府福地，旧时公馆府邸多，那里面的老爷太太、少爷小姐们成天不是看戏，就是玩牌，再然后就生出了些这样或那样的新鲜花样来，火锅便是应成都冬日里阴霾难散的需要而盛行开来的吃法。潮湿阴冷的日子里，从戏园子和牌桌子上下来的老爷太太、少爷小姐们干脆嬉笑着直接围到火炉子跟前，一边把那些放了许多滋补参茸的膏汤端在火上煨着，一边举箸把那些生猛珍鲜一个劲地夹到火锅里面烫来吃。久而久之，再搁点豆瓣酱、放点海辣花椒油，配这个、调那个，慢慢就炮制成了花色品种繁多，味美鲜香，三日不吃会想，五日不吃要馋的地方饮食习俗——火锅。

如今的成都火锅与伯仲难分的重庆火锅已经走向融合，彼此不再为是谁先创造了火锅而纠结，而是由味道决定一切，这种融合的基础不是别的，正是西南人民对于麻和辣的共同爱好。

有人面对成都满街的火锅店会犯怵，你说该吃哪家不该吃哪家呢？这似乎是个问题，其实这不是什么问题，因为有多少家火锅店就有多少种口味，倒不完全是招牌不同就有什么本质的不同，实在是因为一家有一家的做法，所以那是一种百变的花样。

这跟北方的汤锅涮羊肉比起来好像要显得丰富多彩一些，因为吃涮羊肉并不特别在乎那一锅子只有几截葱段和几片姜片的白开水，而是讲究下锅的羊肉来自口里还是口外，上没有上过秋膘；四川火锅却不在乎你烫点什么，而主要看你在哪只锅的配料里烫。

外地游客还说："吃火锅压根不是一个二人情调的小资项目，要是不叫上三五个朋友一块去，那火锅简直吃不出劲儿来！"又说："要是再有一个成都通，一边吃着，一边再讲几句能够把人乐到抽搐的四川笑话，那样的感觉才纯正。"

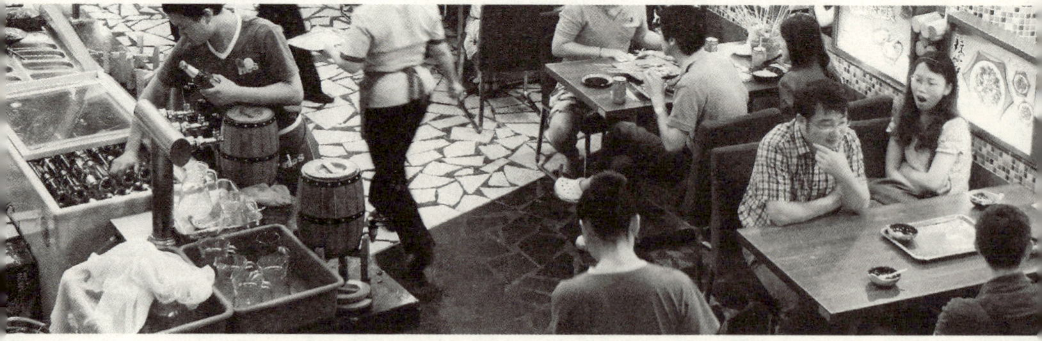

据说近代成都早期最热闹的一家火锅叫“热盆景”，开在新南门桥头边上，20世纪80年代简直就是每天通宵达旦地营业，当地人回忆说：“平常就怕有人提起这茬儿，更怕自己嘴馋心痒得不是时候，哪怕三更半夜也定要爬起来去吃一回……”

如果要对成都的火锅店家做一个排位的话，同样不能够轻易周全，因为人们的口味及消费心理总有着这样或那样的细微变化，经常会一阵风似的出现不确定的偏向。不过，按照成都火锅的江湖地位，倒是可以随便说一说的，如皇城老妈、狮子楼、蜀九香、龙森园、三锅演义、川江号子、三只耳、孔亮、吴铭、大妙、刘一手、赵老四九尺鹅肠火锅、坝坝筵生抠土鸭肠火锅等著名品牌。全市所有的地方差不多隔三五步就能够看得到这些大名鼎鼎的店铺。

有许多的旅游攻略总是给人指南来指南去，尽管所言也没有多大的错，但说实在的，就吃火锅来说，在成都是最用不着谁来多说的，最为简单的方式就是，你只要出门到街上，顺着飘来的油辣香味，再根据你当时当地被诱发的食欲程度逐味而去便可以，随便跨进哪家都保准会让你吃得过瘾。

皇城老妈

“皇城老妈”是成都名气最响亮的一家火锅店，有二十多年的历史，当初的火锅店诞生在成都天府广场旁的皇城坝，因而得名，只是老板并不是所谓的老妈，而是一位有点时间就驾辆越野车独闯天涯的时髦大姐。店中可触可感的色味形呈现了成都人关于美食的许多追求和主义，是一个既饱口福又饱眼福的超级美食的地方。去成都旅游的人，不到皇城老妈吃一顿是绝对不可以的。于是，在当地人中就有了“皇城老妈是给外地人开的”的说法。据说皇城老妈在北京的朝阳店已荣膺为国家特级五星级餐厅了。

皇城老妈

人均消费　约 140 元

皇城店分店

地址：武侯区二环路南三段 20 号

电话：85139999

琴台路分店

地址：青羊区琴台路 106 号

电话：86148510

金沙分店

地址：青羊区金沙遗址路 3 号附 206 号

电话：81713030

龙森园

龙森园
人均消费　106 元
地址：青羊区琴台路 60 号
电话：86155158

有客人说，“龙森园”是一家想起就要流口水的火锅店。事实上的确如此。店主人曾经在云南少数民族地区当过知青，回成都时带回了那里的原生态饮食方法：在汤头中加入产自云南哀牢山中的芳香草根。锅开时，盛半碗原汤来喝成为该店的规定性程序，遥远的山间清香味弥漫在口，与麻辣火锅构成一种相对柔和的关系，据说吃了不上火。看上去，汤头、蘸料以及菜品都极具非主流的气质，煮不老的牛肉是招牌。虽然也用香油调制，但与传统的牛油锅底味道有很大不同。此外，龙森园的干碟具有超越性的口感，会让口感完全上升一个档次。多年来，这里每到傍晚必定是车马喧嚣，大厅里人声鼎沸，热闹无比。人均消费在百元左右，算是价格比较贵的火锅了，不过物有所值。

大 妙

大妙
人均消费　约 120 元
锦里店
地址：武侯区武侯祠大街 231 号锦里二期 2、3 号院
电话：85591111
窄巷子店
地址：青羊区宽窄巷子窄巷子 11 号
电话：86251111

“大妙”被人们叫得有点过于随便。在吃的问题上，成都人总喜欢使用简称，就像在自家的院子里呼唤妻小那样亲切，其实就大妙火锅的环境装修来说已非常精致典雅，是充满了新时代的创意和时尚气息的那种。店家的想法很明显，是要在形式上超越传统火锅，譬如它的菜单就是用竹简制作，服务生多是高挑秀丽的帅哥靓女，很多地方都用玻璃来装饰，显得很现代化的样子。因为使用电磁

东区音乐公园店
地址：成华区建设南路中段 4 号东区音乐公园 46 号楼
电话：84391111
小天东街店（概念店）
地址：武侯区小天东街 5 号
电话：65695888
河滨路店
地址：锦江区石牛堰河滨路 6 号
电话：84518866

炉灶具，使就餐环境清爽了许多。在味道上大妙火锅仍然是走主流路线，值得一提的是大妙火锅的小米辣很凶狠，对此成都的当地人也喊“遭不住”。大凡尝过了小米辣，再回过头去跟传统火锅过招，真的是“什么样的辣都可以轻易对付”了。大妙属于高消费类的火锅，人均 120 元左右，而且酒水消费还另算，但这并不妨碍它门庭若市，在门前等待的食者也很坦然淡定。市区有多家连锁店，锦里也有。

蜀九香

“蜀九香”是当下味道最受肯定的火锅店，有人评价道：一个旅游者真正走出景区，直接进入了成都，那一定去过“蜀九香”了。作为最具代表性的成都火锅，它的味道是独领风骚的。因此，要是在成都的大街上打听成都哪家火锅最好吃，可能人们十有八九会说是蜀九香。它的味道彻底区别于重庆火锅，是典型的成都特色，麻成为特色中的特色。因为多用青花椒，所以那种对于外地人来说很致命的麻里掺进一股特殊的清香，一般到成都的游人一进火锅店就会打喷嚏。但是当菜从翻滚的辣椒油锅里捞起在香油碟里一蘸转出来入口后，要是没有花椒那种麻，不常吃辣的人肯定受不了从里到外的巨辣，

花椒其实在这里有着用麻来平衡辣的作用。在这样的情形下，人们接受花椒了，有美食方面的专家称：“麻鼻不麻口是一道特别的功夫，闻着很舒服，吃到嘴里也舒服才是最好的厨艺。”

从菜品上简直看不出蜀九香有什么特别的创意，走火锅经典路线，不外乎毛肚、黄喉、脆皮肠、午餐肉。至于它们的肥牛，九香牛肉、九香丸子、九香排骨、方竹笋、鳝鱼、脆豆腐、牛肉丸、鹅肠、千层肚、鲜鸭血、藕、土豆、冬瓜、金针菇等也都是些传统的大众菜品；人家还是把口碑做到了第一，这就叫作成都功夫。当吃得七八分饱的时候要上一碗蛋炒饭或者八宝粥，再来一碟泡菜，食者的美味人生便完整了。蜀九香在成都有多家分店，平均消费为 60 ~ 70 元，百花大桥店、南府店、新会展中心店等都很方便找寻。

蜀九香

人均消费　约 85 元

南府分店

地址：锦江区人民南路二段南府街 53 号

电话：82996969

百花大桥分店

地址：青羊区一环路西一段 160 号

电话：87016811

彩虹店分店

地址：武侯区武侯祠大街 19 号春江花月耍都内

电话：85576655

玉林分店

地址：武侯区玉林小区倪家桥路 11 号附 2 号

电话：85570362

SM 店分店

地址：成华区建设南路 20 号

电话：84300666

新会展中心分店

地址：武侯区高新区新会展中心世纪城路 166 号西蜀廊桥 3 栋

电话：85330080

银河分店

地址：金牛区银河北街 1 号

电话：87617468

麻辣空间
人均消费　约60元
彩虹桥分店
地址：武侯区通祠路39号一江城花2楼
电话：85575500
玉林店分店
地址：武侯区玉林南路15号玉林生活广场2楼
电话：85547222
西大街店分店
地址：青羊区西大街84号金色夏威夷A座
电话：86631077

麻辣空间

“麻辣空间”属于味道经典、大众消费、装修现代的中档火锅，人均50～60元的消费水平。环境设计很扣主题，辣椒一样的红色覆盖一切：锅里是红的，餐具是红的，桌椅是红的，装修也是红的，坐在麻辣空间内有一种完全融入火锅的感觉。火锅的味道属于重口味的麻辣，不做好思想准备就一脚跨进去的话或许会有不适应。但是，决心要吃一家强刺激的火锅的话，这便是真正的去处。在彩虹桥的“要都”和光华大道西街坊醉江湖二楼都有分店。

狮子楼

“狮子楼”的稳重令人起敬，这家成都最早的名牌火锅几十年来一直是“不卑不亢”，在派系繁杂的火锅世界里保持元老级的行业领袖地位，不张扬得就只保留着万年场一个地址不变的老店，后来在人民南路和琴台路上很谨慎地开了几家彰显有度的分店。懂行的人看得出来，这是

种做百年老店的气度。

最后得说说油碟之妙。首先，它能够把火锅烫熟的肉菜顷刻降温入口；其次，它把美味再作进一步的延展放大。在成都的火锅中，油碟往往是火锅店花样翻新的一个突破口。大多是由清油做底，加一堆香菜、小半碗蒜泥、醋、盐、味精、蚝油和小米辣自己试着放。还有一种叫原汤碟，一般底料有葱、蒜、大头菜粒、黄豆、花椒末，加半勺火锅原汤，那又是另外一番滋味！原汤蘸碟在鱼头火锅中很常见，味觉感受也与油碟差别很大。当然还有一种就是干碟，绝对的专业级别吃法。将煮好的菜先过油碟，再夹到干碟中裹成一团，放在嘴里必定是干香辛辣，回味无穷。此外，有的店干脆将一二十种调料一溜地摆放在长条案上，任由人们自取自配，那样的感觉也很特别。

狮子楼
人均消费　140~200 元

琴台路店分店
地址：青羊区琴台路 101 号
电话：86158988

人南店分店
地址：武侯区人民南路四段 30 号何日君酒店内
电话：85587979

万年路总店
地址：成华区二环路东三段万年路 2 号
电话：84358888

天顺路分店
地址：武侯区高新区天顺路 2 号
电话：85359555

南粥北面

南粥北面
人均消费　约 68 元
同心路店分店
地址：青羊区通锦桥同心路 171 号
电话：86264288
紫杉路店分店
地址：武侯区紫杉路步行街
电话：85188744

吃火锅最好是个雨天，听窗外的雨声送来一阵凉丝丝的风。火锅吃到七八成时，你可以伸长了脖子叫老板来碗蛋炒饭，这样的吃法可以让辣味在胃里得到缓冲。因此，那些地道的当地食客都会很在行地叫饭，或者要一盒酸奶来养护胃。要是实在怕辣，也还是有办法吃火锅的。譬如，可以去通锦桥，那里有一家叫作南粥北面的餐馆，卖的是一种稀饭火锅，即用米粥来做火锅底料，在平和清淡的稀饭里烫豆腐白菜、生猛海鲜，虽有些搞笑，但无论如何人家也就这样极其异端地开创了成都火锅的新派天地。在那里面，只听得店家和顾客都齐声说："哎哟妈呀，那叫个生态营养啊！下进锅里的东西全都给吃了，一点丢头也没有！"

在成都，吃火锅最方便的去处就是府南新区的特色火锅一条街了，那里有几十家大大小小的火锅店，如食圣黄辣丁火锅、曾实记泥鳅王风味庄的土泥鳅火锅、甜妹粑泥鳅、一把骨、虾佬圣汤火锅等品牌火锅，另外还有笋子鸡火锅、连锅、盆盆虾、山珍火锅、美蛙火锅等，一听就让人欲罢不能。

曾实记泥鳅王

人均消费　约 37 元

地址：锦江区纯阳观街 39 号

电话：86629158

甜妹粑泥鳅

人均消费　约 36 元

七道堰街店分店

地址：武侯区七道堰街 36 号附 5 号

电话：85051680

石人南路店分店

地址：青羊区石人南路 2 号附 8 号

电话：87334726

一把骨砂锅

人均消费　约 40 元

西安北路店分店

地址：金牛区西安北路 26 号

电话：87715530

高升桥店分店

地址：武侯区一环路南四段 26 号附 5 号

电话：85569807

双楠店分店

地址：武侯区外双楠天乐街 1 号附 28-30 号

电话：87021755

虾佬圣汤火锅

人均消费　约 85 元

一品天下店分店

地址：金牛区一品天下大街 131 号 4 楼

电话：87577278

人民南路店分店

地址：武侯区人民南路四段 48 号首座富豪酒店内

电话：62938908

蜀汉路店分店

地址：金牛区蜀汉路 208 号

电话：87533564

PART 02
食·色天府

02 吃得“很安逸”之——小吃

成都的风味小吃不光名气在外，其品类之繁多、场面之壮观、味道与情趣之丰富绝对独领全国风骚，游客真心喜爱。

与川菜一样，每道小吃看上去都非常贴心，吃起来又很家常，从各色小面到抄手、饺子，从腌卤到凉拌冷食，从锅煎蜜饯到糕点汤羹，琳琅满目，各味俱全，据说品种不下200种呢，但往往是只十几样小碗小碟就已把人撑得肚子滚圆了。据说过去成都的大街小巷到处都能看到小吃店，现在相对集中了，而且在一些川菜馆也会有配套的成都小吃。春熙路、武侯祠、文殊坊是成都小

吃比较集中的地方。

春熙路和总府路一带是成都的市中心，既是繁华的商业街区，也是美味小吃云集之处，街边店家分布均匀，不用走远就会有一家，因为人流量大，所以那里总显得很热闹，时不时地还遇得上街边的麻辣烧烤和串串香，要是管不住自己嘴巴的话，一路下来基本上就饱死了。

武侯祠附近有两处吃小吃的地方：一是武侯大街的皇城坝小吃店，这里几乎汇聚了成都所有能点出名来的小吃。比起其他地方来皇城坝小吃店不仅价格更实惠，味道也很正宗，担担面、川北凉粉、锅贴等应有尽有，再加上店面朴素，可以让人真真切切地感受到老成都的那种感觉。二是在锦里里面的小吃街，同样是酸辣粉、冰醪糟、黄金糕，左一家右一家地开着，店家每时每刻忙得不可开交，食客则乐滋滋地站在街边上端着吃。

成都的名小吃是数不完吃不完的，这里随便说一下：锅盔、担担面、龙抄手、钟水饺、韩包子、叶儿粑、甜水面、酸辣粉、三大炮、赖汤圆、三合泥、豆汤饭、蛋烘糕、冒节子肥肠粉、冒菜、串串香、棒棒鸡、龙眼包子、查渣面、酸辣豆花、伤心凉粉、温鸭子、洞子口张凉粉、汤长发麻饼、怪味面、华兴煎蛋面、勾魂面、老妈蹄花、王妈手撕烤兔、黄龙溪一根面、王婆荞面……

皇城坝小吃

人均消费　约 23 元

万达店分店

地址：锦江区二环路东五段 29 号万达广场 3 楼

电话：84191518

担担面

担担面，虽与普通面条无异，却是最著名的成都小吃。最初因为是挑着担子沿街叫卖而得名。特点是碗小量少、价格便宜，咸鲜微辣，几无汤水，一般两口就吃完一碗。仅为人们逛街时顺便打尖消闲的零食吃法，后来也被引入宴席，作为其间的一道小点缀，多为体现地道，也是大鱼大肉之后的一道主食补充。有人考证出担担面始创于1841年，由一位名叫陈包包的小贩发明。

抄 手

四川称呼馄饨为抄手，成都最有名的抄手叫作龙抄手，始创于20世纪上半叶，传说当时春熙路上“浓花茶社”的几位伙计合资开一家小吃店，创始人叫钟少白，1931年开始挂出了“荔枝巷钟水饺”的招牌。以卖抄手为主，取店名时就寓“龙凤呈祥”之意，定名为“龙抄手”，因为龙抄手皮薄、馅嫩、汤鲜而声名大噪。后来店家一直坚持抄手皮用的是特级面粉加少许配料，细搓慢揉，擀制成“薄如纸、细如绸”的半透明状。肉馅是选猪腿肉剁成，原汤是用鸡、鸭经猛炖慢煨而成。钟水饺与北

方水饺的主要区别是全用猪肉馅，不加其他鲜菜，猪肉末加清汤、鸡蛋液、味精、胡椒面善汁水拌匀搅融，用抄手皮包起馅心成菱角形，具有皮薄、料精、馅嫩、味鲜的特色，然后煮至皮起皱儿发亮捞起。在清汤中加入盐、胡椒面、味精、酱油、化猪油、香油、葱花等。上桌时淋上特制的红油，微甜带咸，兼有辛辣，风味独特。

韩包子

成都名小吃韩包子从创业至今已有 80 多年的历史。有传说是 1914 年温江人韩玉隆在成都南打金街开设“玉隆园面食店”，因其包子味道格外鲜美而出名。其子韩文华接替经营后，在包子的做法上精心探索、实践，创制出“南虾包子”、“火腿包子”、“鲜肉包子”等品种，在成都饮食界一炮打响，名声不胫而走。后来韩文华干脆专营包子，并将其店名更换为“韩包子”，生意越做越红火。从新中国成立前至今，韩包子在成都、四川乃至全国，一直享有经久不衰的声誉。

张凉粉
人均消费　约8元
地址：青羊区东城根南街9号
电话：86120955

锅 盔

老隍城传统锅盔总店经营的锅盔品种多样，风味独特，鸡片锅盔、牛肉锅盔、蒸肉锅盔、肺片锅盔、素菜锅盔、军屯锅盔都是其特色品种。另外，那里的牛尾汤也很有特色。

川北凉粉

有史料记载，川北凉粉创立于清朝末年川北南充。创始人谢天禄在南充渡口搭棚卖凉粉，其凉粉细嫩清爽，作料香辣味浓，逐渐卖出了名气，后来谢家世代相传专卖凉粉，并且正式办起川北凉粉店。传入成都后又流传全省，成为著名小吃。成都最有名的是洞子口张凉粉。

酸辣豆花

酸辣豆花在从前多以摊担形式经营，是一种流行于城市和农村的民间小吃。制作豆花需要选用上等黄豆，用井水或河水浸泡充分后细磨为浆，过滤豆渣后烧沸，将用水调好的红薯淀粉和石膏水冲入豆浆，静置让其凝成豆花。川人以麻辣鲜香的各种调料与豆花同食，口味酸辣咸鲜，味浓滚烫。后又有发挥者，推出用鸡汤做底的鸡汤豆花，雪白的豆花浸泡在里面，不光“补人”，而且鲜香爽口。至于红糖冰粉也是不多见的一道特别的甜食，晶莹透亮，入口爽滑，小半碗类似果冻的凉爽基本上是自己滑入喉咙的。

鸡丝凉面

鸡丝凉面是历史悠久的传统小吃，在四川全省有很大影响，近年已流传于全国各地，特别是北方广大地区。机器制的面条入沸水中煮熟，煮时不能煮得太软，捞出放在案板上趁热洒熟菜油少许，抖散以快速降温，直到互不粘连且已冷却为止，成为凉面。

酸辣粉

酸辣粉是成都一道最有意思的吃食，所谓粉，当地人叫得很体己，叫“粉儿”，不过是红薯粉做成的有弹性顺滑的粉条，平时煮好泡在水里，有人买时抓上一把在滚水里烫一烫即可。吃粉不是吃粉本身，而是吃那大半碗酸辣提神呼儿嗨哟的汤水作料。加了肥肠的是酸辣粉的升级版，人们追求的是口感嚼劲，说白了就是那种吃了也白吃的零食，没有听说谁会单拿酸辣粉来管饱。

其实，小吃才是一座城市的文化本质，它凝结的是多数人的认可和参与，而其他菜肴类的餐饮文化则被动一些，多由一两名厨师成就，譬如北京，人们多还是以爆肚、豆汁、焦圈、炸酱面来认定老北京的，它们其实都不是什么大菜。

03 吃得“很巴适”之——特色饮食

锅锅香

人均消费　约 55 元

沸城店分店

地址：武侯区科华北路 60 号 SOHO 沸城 112 号

电话：85232085

广福桥店分店

地址：武侯区广福桥北街 6 号附 6 号

电话：85092989

送仙桥店分店

地址：青羊区青华路 10 号四川电力职业技术学院旁

电话：87381269

光华店分店

地址：青羊区光华村街 111 号光华馨地

电话：81710398

金沙店分店

地址：青羊区金阳路 20 号

电话：81710956

成都吃食的特色在于独立成章的那种绝对性。

干锅

譬如那种干锅，它也成为一个系列，据有人考证，干锅起源于重庆，却在成都更加欣欣向荣。这当中最杰出的要数城南方向科华北路的“锅锅香干锅”了，这家简直是总揽全局的概念，什么干锅兔、干锅鸡、干排骨、干锅虾……反正可以吃的全都给干锅了，连传说中的撒尿虾居然都在这里被演绎成为“特色香辣爬爬虾”。就餐环境相对较好，店面整洁有序，服务也比较周到。人均四五十元的消费，主要吸引那些打听而来的食客。

老妈蹄花

廖老妈蹄花
人均消费　约 29 元
地址：青羊区东城根南街 7-11 号

“老妈蹄花”，成都的“老妈”们不光对火锅过不去，对兔脑壳也过不去，对猪蹄花也有一种瞄准就不放手的特殊情结。因此，“老妈”的标签被再次贴到了关于猪脚的吃法上面。与其他很多地方的卤猪蹄、烟熏猪蹄不一样，成都蹄花口感就像豆腐那样嫩滑，竭尽所能地彰显了蹄花的口感与味道。一碗嫩蹄花，实际上是一碗敦实的肉汤，配上入口即化的雪豆，再佐以自制的蘸酱，就要成为大家对成都美味的一道记忆。

几乎每个人都知道，吃蹄花要去人民公园旁半边桥的“廖老妈蹄花”。店是十年以上的老店了，地方不难找，食客们也总是络绎不绝。只要上了出租车，司机们无人不知半边桥。现在那里的老妈蹄花竟然有四五家，家家都挂着总店的旗号，虽然让人不明所以，但好在价格差不多都是十来元一碗，且家家的味道都很地道。此外，几家总店还全都经营各种炒菜、干锅等四川有名的特色菜，味道也都被认为很巴适。

双流老妈兔头

人均消费　约 43 元

地址：武侯区倪家桥路 12 号附 11 号

电话：85425898

成华分店

地址：成华区天祥寺公交站牌斜后方

电话：86585128

白家高记肥肠粉

人均消费　约 12 元

一环南四段店分店

地址：武侯区一环路南四段 15 号西南民院附近

双流兔头

“双流兔头”，又叫“双流老妈兔头”，从开店至今已有 10 年历史，2003 年向国家商标总局注册了“老妈兔头”图案。麻、辣、香的，深受成都及外地消费者的喜爱。如今，几乎每条街的腌卤店都会有自称“双流兔头”的各种滋味。

白家高记肥肠粉

“白家高记肥肠粉”，其实就是前面说过的酸辣粉，只是出自双流县白家镇的高记肥肠粉味道更加有滋味一些。这家做的“锅盔”，是附带的配食，两相结合，在过去就是一顿劳动人民的午饭，在武侯区一环路南四段西南民院斜对面和市中心青石桥有分店。

滋味烤鱼

烤鱼是到处都有的吃食，但是加了成都的麻辣之后就完全是另外一种全新的体验。“滋味烤鱼”，是新鲜的河鱼，再加上干锅的格式，总是能让人一次又一次地去享受。店家向客人推出了四种口味：香辣、鲜椒、豆豉、泡椒，鱼有江团、黔鱼、武昌、花鲢和草鱼。除烤鱼以外，青梅酒和黑啤简直让人喜爱到尖叫了。黑啤按杯口高低分成英雄杯和淑女杯，英雄杯足足有大半扎之多，看了就让人舒服。哥们儿、姐们儿都应青梅煮酒论英雄地喝上一顿。

地址在西大街新城市广场及衣冠庙附近。

滋味烤鱼

人均消费　约 65 元

新城市店分店

地址：青羊区西大街 1 号新城市广场地下停车场出口处

电话：61988893

九眼桥店分店

地址：锦江区一环路南一段九眼桥好望角

电话：68092008

莲桂店分店

地址：锦江区莲桂西路 48 号

电话：84519386

超洋店分店

地址：武侯区超洋路 1 号香槟梧桐 9 号楼 1 楼 A-02 号

电话：85924815

广福桥店分店

地址：武侯区广福桥北街 6 号附 9 号

电话：85061631

祥和里店分店

地址：成华区祥和里 75 号

电话：84389905

交大店分店

地址：金牛区群星路 60 号

电话：87602107

马鞍北路店分店

地址：金牛区马鞍北路 19 号

电话：83394858

小谭豆花

“小谭豆花”在老成都吃食中是一个普通的名字，与北京等地的豆腐脑不同，小谭豆花是绝对的四川口味，有馓子豆花、豆花面、醪糟豆花、酸辣豆花等品种，虽然香辣酱、花椒油、大头菜颗粒等作料把豆花彻底变成一碗油辣糊，却叫人吃了一碗想两碗。因为开店，所以小谭豆花还兼卖其他一些传统小吃：红糖粽子、粉蒸牛肉、甜水面等。

西大街新城市广场斜对面有店。

小谭豆花

人均消费　约 11 元

西大街店分店

地址：青羊区西大街 86 号附 13 号

小谭豆花（大墙东街店）分店

地址：锦江区大墙东街 150 号

青石桥七十一号豆汤饭

“青石桥七十一号豆汤饭”是以朴实换取最大好评的一家普通饮食店，在市中心繁华地带的青石桥。店堂内乱哄哄的，人却很多，也许这种居家百姓的饮食注定是永恒的大众口味，相比于那些山珍海味的大餐，这家叫作豆汤饭的饮食具有天然的超越性，你要是吃过一次的话就可以断定它定能够卖一万年。

因此，把它列入特色之类是再恰当不过，它地处成都最繁华热闹的春熙路附近，成都著名的海鲜批发市场周围，这样的地段实际上本是高档餐饮的聚集地，却偏有这家豆汤饭的铺子。本色不是矫情，店家说卖豆汤饭就卖豆汤饭，绝不挂羊头卖狗肉。另外还有一个价码差不多的“鸡汤饭”，真的简单得就是汤泡饭加碟小咸菜，除此还卖几种家常小菜，什么凉拌白肉、蒸南瓜的。价格便宜得令人羞愧，四个人吃饱后居然消费不到50元。此店已有十几二十年的历史，这么久以来，硬是只卖这几道简单得不能再简单的吃食，连个清炒时蔬也不添加，可是每日店里人挤人，桌子总无空闲，而且全为三十岁以下的年轻人，都说是来吃个轻松“随便”，关键又很便宜。

七十一号豆汤饭

人均消费　约12元

总府店分店

地址：锦江区北新街世都大厦B1楼

青石桥店分店

地址：锦江区青石桥中街8号格莱美空间内

世界贸易中心店分店

地址：青羊区顺城大街248号世界贸易中心B座1楼

绝城芋儿鸡

“绝城芋儿鸡”，一家让许多人排一个小时甚至还要久的队也无怨无悔的食店，一家只卖一道菜的食店，一个简单得有些破旧的地方，一锅看似简单，味道却好得不可思议的普通芋艿烧鸡，一种绝对霸道的倾城口味，这也许就是对绝城芋儿鸡的全部介绍。全城东南西北方向有好几家分店。

绝城芋儿鸡
人均消费　约 35 元

怡福店分店
地址：成华区八里小区怡福巷 36 号
电话：15388215943

光华村街店分店
地址：青羊区光华村街 103-105 号

时代印象店分店
地址：青羊区新开寺 1 号时代印象广场内

交大店分店
地址：金牛区群星路 162 号
电话：65811988

科华中路店分店
地址：武侯区科华中路新 7 号
电话：13880203599

太实在

“太实在”三个字的招牌实在是太吸引人的眼球，在马道街附近的一家四合院门前，这样的店名甚至有一点儿搞笑。进那院子里面，基本没有收拾过的杂乱环境，零散的蜂窝煤灶上正炒着客人点的下饭炒菜，有老板模样的老太婆在操持整个堂口场面。炒菜上来了，再舀几个炉灶上早就煨好的烧菜，甑子里干香干香的大米饭，每个人都要添上好几碗……

太实在四合院
人均消费　约 17 元
地址：青羊区平安巷

冒 菜

西二道街的“无名冒菜”，是一家家庭式的经营机构，掌勺的是爹，抓菜的是娘，开票的是女儿，打杂的是侄儿，七八个人配合默契，操作得非常熟练。门脸只是自己家临街的一面，没有任何招牌广告，可每天一开门就排起长队，当中还多有人带着打包的锅盆瓦罐，大家也总是买两份，一份在那里吃，另一份打包带回去。牛肉采用当天的新鲜牛肉，在调料芡粉里码好，再跟豆芽、芹菜一起放进宽汤锅里烫到恰到好处，捞起来后加入鲜辣浓烈的汤汁，不是火锅胜似火锅。最有趣的其实是开票大姐的超级

无名冒菜
人均消费　约 17 元
地址：青羊区西二道街 9 号

老练程度，她一边像中医问诊那样问客人要吃些啥，要多少，要不要打包，一边就言简意赅地响亮报给掌勺的师傅："47号，二牛、三素、微辣；现一、包二"，哈哈。

乐山易老四翘脚牛肉
人均消费　约22元
地址：青羊区西安南路

翘脚牛肉

"翘脚牛肉"，传说是从乐山大佛脚下传来成都的一种纯牛肉吃法，在来成都之前，它只是一碗连汤带水的牛杂汤，是那种撒些香菜和要个面饼子的简单吃食，因为味道好，顾客多，店小二忙不过来，所以有许多人直接端了汤碗站在店前的空地上，脚踏在门槛上或街沿边，呼呼啦啦吃完就走，这种现象被老板后来确定为自家的店名。

移师成都后，原先那歇脚摆渡式的吃法在成都的街道边不大行得通了，老板苦思冥想之后，决定走一条火锅的路线，就做成了汤锅，牛肉、牛筋、牛杂碎或分或混，往牛骨老汤中一倒，再下份萝卜、莲藕什么的，两分钟开锅就能食用，既不改变风味，又能够及时解人之馋，而油碟配料则任由自己到架上自取自搁，然后抓一大把香菜放在面上，你就已经再也记不得什么东西叫作好吃了。店家现在只保存了牛百叶、牛舌和牛肉三个单份单卖的老汤碗，要上一份来尝尝，那味道就只能由两个字形容："功夫"。市内多处有店。

PART 02
食·色天府

吃得很舒服之——正牌川菜 04

泡菜是川菜中的关键，因为往往在川菜的吃法上，当冷盘热炸、煎熘蒸炒、闷煮熬烹的大菜上齐后，人是需要多少“刨几口”米饭的，这时如果不来点清爽的四川泡菜，就仿佛没有总结全局的方式，那简直就是过不去坎儿的事情，任何如雷贯耳有名有姓的菜肴此时都黯然失色。所以，泡菜这个小角色便经常成为点亮映衬宴席光芒的按钮，有了它，整个川菜的吃法才算完全，有收官的功效。所以，就有在行的人将泡菜味道的偏正作为测定店家厨艺水平的一个标志。

在成都必须要去一次城西的川菜“窝子”——一品天下美食街。它在全国的著名程度无疑是成都的美食标志。这里汇聚了几乎成都所有著名的中高档川菜馆——银杏、红杏、大荣和、夕阳红、虾佬圣汤海鲜火锅。此外，散布于市区各处的巴国布衣、卞氏菜根香、老成都市公馆菜等也都是长盛不衰的名店。在一品天下周围，还有同善路、金沙路，以及羊西线等多个美食街区。因此，说它是一个美食圈也许最合适。

没来过成都的人可能对这些名字很陌生，但是所有的成都人，或久居成都然后远离家乡的人，最为想念的除了火锅，大概就是这些名字了，这里要说说那些不得不说的品牌店。

红杏酒家
人均消费　约 85 元
羊西店分店
地址：金牛区蜀汉中路 289 号锦城苑公建 E 座
电话：87534630
紫荆店分店
地址：武侯区紫薇东路 137 号清华坊 2 号综合楼
电话：85199008
锦华店分店
地址：锦江区锦华路一段 68 号
电话：82000860
明珠店分店
地址：成华区建设北路三段 7-9 号
电话：83253388

红 杏

“红杏”，有客人说，红杏的每道菜都好吃，且装修气派，上上下下罗列三层：一楼是大厅，二楼是大堂，三楼是雅间。一进门便会有服务员为您安排座位。高峰时间等位是在所难免的，所以店家会首先安排提前订座的客人。菜单上有：川北凉粉、桔梗粉、鳝段粉丝、蟹黄豆花、豆汤饭，甜、咸烧白，竹笋牛肉、水煮鱼（牛肉）、红杏鸡、豆瓣鱼，等等。这里很多菜都不辣，这里的原浆啤酒也是很不错的。

大蓉和酒楼
人均消费　约 90 元
一品天下店分店
地址：金牛区蜀汉路 289 号锦城苑一品天下美食商业街 B 区 1 幢
电话：87564477
沙河店分店
地址：成华区二环路东二段麻石桥
电话：84312626
紫荆店分店
地址：武侯区高新区紫荆南路 68 号
电话：85143232
外双楠店分店
地址：武侯区栖霞路 46 号
电话：87060707
城北店分店
地址：金牛区二环路北三段 21 号附 2 号
电话：65307066

大蓉和

“大蓉和”与红杏齐名，或者说是红杏与之齐名的一家新创川菜馆，自开业以来就一直红火至今日。与红杏酒楼相似，大蓉和走的也是传统、新派川菜路线，菜品也有与红杏重合的地方。大蓉和是一品天下美食街的门户店，往来的都是成都及全国各地的好吃嘴们。装修相当不错，服务也很周到，落座以后翻开菜谱，就是视觉上的享受。大蓉和的每道菜都很出彩，且在保留川菜传统的同时做出了很多令人欢喜的创新。大蓉和的大萝卜、冲菜青豆、鲍汁蔬菜豆腐、灌汤麻圆、石锅河鲜三角峰、开门红、蘸水兔、水煮鱼，还有各种点心小吃，都让人印象深刻。

红星兔丁

“红星兔丁”是成都人都知道的一道美食，成都人在肉的吃法上可谓下足了功夫，兔肉竟然也弄出了不少的吃法来：兔头、兔丁、兔耳朵、兔肚、缠丝兔、火锅兔……真是花样百出。分店众多，据说大慈寺旁的红星兔丁店为最正宗，没有哪次去是不需要排半小时队的。特色菜就是凉拌的兔丁，煮熟的兔丁白生生地切成两厘米见方的块状，整齐码在方托盘里。凉拌的时候伙计从摆了一桌子的大小盆盆罐罐的调料里左右开弓，飞勺走眼，把花椒面、辣椒油、糖、豆豉汁以合适的比例舀到一个小钵里。将调料搅匀以后再拌入兔丁，一时间，那种调料足、肉嫩化渣，人称绝色美味的拌兔丁就出现了。

据说绝味的诀窍在于豆豉，浓郁酱香会盖住兔肉的草腥。但老字号从没有人会公开他们配料的秘密。每次看到的全是他们调料下得很猛、很足，最后还要淋上几大勺红红的辣椒油。兔丁浸泡在调料汁中入味三分，口味极棒，让人连骨头都想细细咂过。从 20 世纪 80 年代开始，“红星兔丁”的门前就每天都排起长长的队伍了。不少人还将兔丁打包带上飞机给外地的朋友品尝。店里还卖耳片、兔头、熏兔、兔腿、猪头肉、樟茶鸭、牛肚、掯肝等。

红星兔丁

人均消费　约 17 元

武侯祠店分店

地址：武侯区武侯祠大街 180 附 4 号

电话：15388152205

东风大桥店分店

地址：锦江区东风路 23 号

西门店分店

地址：金牛区花牌坊 18 号

电话：66182949

永丰路店分店

地址：武侯区永丰路 20 号

新南门店分店

地址：武侯区新南路 40 号附 12 号（红星大酒店对面）

PART 02
食·色天府

05 吃得“很过场”之——排场餐厅

在成都，人们把讲究场面叫作“过场”，要想吃得很过场、很排场，是件颇让人哭笑不得的事情，因为过于精致的川菜多少有违居家口味的本质，既要品位又要讲环境，还要各种花式，但这是时代所需，谁也避不开，于是就考验了装修大师和厨房大师们的双重技艺。

银杏南亭

相传“银杏南亭”是成都市区最高档的餐厅，曾几何时，但凡是在银杏用餐或宴请，都会让人觉得是最体面的事情，后来餐饮会所多了，人们才淡看了银杏。不过，银杏仍然继续走它的精品路线，现在它又导入了广东早茶，成为一个高档的川式粤味餐厅，名气和讲究仍然不减当年。

食 画

开在浣花附近临河的一家精致时尚川菜馆叫作“食画”，说是菜馆，却更像一处临河的情调十足的酒吧，坐在临河的包厢里用餐，完全像是在游船上的感觉，加上菜品非常工艺，所以成为宴请贵宾的地方。当然，其价格也因为环境的高雅而水涨船高。

银杏南亭
人均消费 200~260 元
地址：武侯区人民南路四段19号威斯顿联邦大厦1-6楼
电话：86116888

食画花园餐厅
人均消费 约200元
清水河店分店
地址：武侯区二环路西一段118号
电话：87366999
东区音乐公园店分店
地址：成华区建设南路89号
电话：84119999

柴门蜀郡
人均消费 约377元
地址：青羊区浣花南路251号四川博物馆前门处
电话：87323222

柴门蜀郡

“柴门蜀郡”，很简朴的店名，却有着气质非凡的室内装修，在中式窗棂的间隔处，有韵味非常的琴瑟操弄，丽人影姿绰约若现，每个细节都呈现着老成都公馆的做派，在这些地方不是吃饭，是接受一种装饰的熏染。

PART 02
食 · 色天府

06 吃得很正宗之——传统老店

据说成都早年间有家最有名的餐厅叫荣乐园，自民国初年以来，那里曾经出过一代川厨大师，是他们为川菜确定了“一菜一格、百菜百味”的经典格调，荣乐园在新中国成立以后公私合营，风光几十年，到20世纪90年代中期被后来风起云涌的新派川菜所覆盖。

许多书籍把川菜介绍为中国八大菜系之一，尤以麻辣最为著名，有鱼香、家常、水煮等特殊的烹饪手法，回锅肉、小煎鸡、锅巴肉片、樟茶鸭子、豆瓣鲜麻辣豆腐、八味冷碟、鱼香肉丝、宫保鸡丁、酸辣蹄筋、抄手肉片、蚂蚁上树、玉笋鸭

舌、水煮牛肉、东坡肘子、粉蒸牛肉、酸菜鱼等，都是风光大江南北的招牌菜。话说回来，其实这些人们百尝不厌的经典菜品，其做法并不复杂，大多来自居家百姓的生活习惯。

譬如夫妻肺片，是成都人一上席桌伸筷子时必须夹食的一款风味凉拌菜。相传在20世纪30年代，成都少城附近，有一男子名郭朝华，与其妻一道以制售凉拌牛肺片为业，他们夫妻俩亲自操作，走街串巷，提篮叫卖。他们经营的凉拌肺片制作精细，风味独特，深受人们喜爱，所以为区别一般肺片摊店，人们称它们为“夫妻肺片”。设店经营后，他们在用料上更为讲究，以牛肉、心、舌、肚、头皮等取代最初单一的肺，“夫妻肺片”之名一直沿用至今。

夫妻肺片

总府路店
地址：总府路23号
电话：028-86617171

红照壁店
地址：红照壁街27号
电话：028-86137991

人民北路店
地址：人民北路二段268号
电话：028-83318838

水煮牛肉是典型的川菜，以牛肉、莴笋、芹菜、蒜苗、干辣椒等为原料。菜中牛肉片不是用油炒，而是在辣椒油的浇泼下烫熟，说是“水煮”，其实为“油烹”，只是叫法上谦虚了很多。菜品色深味厚，香味浓烈，肉片鲜嫩，完全是麻、辣、烫的极端展演。

二姐兔丁以肉多骨头少为特点，加以特殊配法的作料，香鲜可口，系列“兔”中还有五香卤兔、红板兔、麻辣兔丁等。

棒棒鸡，首先妙在煮鸡，煮前要用麻绳缠上腿、翅，肉厚处用扦打眼，使汤水充分渗透，以文火徐徐煮沸；并以特制的木棒将煮熟的鸡肉拍松，撕成粗丝入盘，利于调料入味；然后才是将用众多调料调成的味汁，浇在鸡丝上，使鸡丝分外鲜美香嫩，有浓郁的香甜、麻辣味。由鸡丁、干辣椒、花生米等炒制而成，特点是鲜香细嫩，辣而

不燥，略带甜酸味。

麻婆豆腐是中国豆腐菜肴中最富地方风味的特色菜之一，各种作料酱烧而成，白嫩的豆腐上撒着些肉末和青蒜苗，外围一圈透亮的红油，如琥珀镶玉，麻、辣、烫、嫩、酥、香、鲜是其独特风味。

锅巴肉片，四川传统风味名菜，上桌时，一碗浓汤热汁往刚用油炸好的锅巴及肉菜上猛浇，油炸锅巴发出特别的响声，一时间满席间便充满了妙趣。

陈麻婆豆腐店

就老店铺而言，好些只是一块牌子，像“陈麻婆豆腐店”由国家命名的“中华老字号”老牌名店其实已经不多。这家老店原在成都北郊万福桥，清同治元年（1862）开业，原店名叫陈兴盛饭铺，主厨为老板陈春富之妻。陈氏所烹豆腐色泽红亮，牛肉粒酥香，极富川味特色，很快便闻名遐迩，求食者纷至沓来，文人骚客尤常会于此。因为好事者看陈氏脸上有几颗麻子，便戏称豆腐为“陈麻婆豆腐”，传播后竟升为美谈，铺子干脆改名为“陈麻婆豆腐店”。清朝末年，陈麻婆豆腐就是成都的知名美食。现在作为成都最传统的餐馆招牌，市区有多家分店。

皇城坝牛肉馆

“皇城坝牛肉馆”，一家有上百年历史的回族餐厅，店铺一直坐落在市中心太升南路一带，因为著名，所以每天从远处慕名赶来的人把店堂挤得水泄不通。牛肉，在这里被成都的厨师做出了几十个花样的菜品来，人们一坐下来，头一个要的必是小笼蒸牛肉，那别致的味道在一把香菜的提拔下，竟会成为一道永恒的记忆。然后，你可以尽情地把各种烧、炒、炸、拌的要上一桌子，席间把一碗番

陈麻婆豆腐
人均消费　约 40 元
骡马市店分店
地址：青羊区西玉龙街197 号
电话：86754512
文殊院店分店
地址：青羊区文殊坊白云寺街 30 号
青华路店分店
地址：青羊区青华路 10 号附 10-12 号
电话：87317216

皇城坝牛肉馆
人均消费　约 32 元
地址：武侯区肖家河街 1 号

茄牛尾汤当作酒饮。据说，这家餐厅最吊人胃口的就是这道汤，常常有人将其打包带回家。另外，这里兴喊堂，点菜以后，有师傅将你的菜谱以高嗓门传递到厨房，也传达给跑堂的服务员。菜式虽显普通，味道却不那么普通：粉蒸牛肉、牛肉汤、清真肺片、皇城肺片、番茄牛肉汤、回锅牛肉、飘香牛柳、毛肚、牛杂汤、凉拌牛杂、家常脑花、飘香牛肉。而且价格公道，一看就是百年店才有的那种老“份”，粉蒸牛肉一份 3 元，肺片 5 元，最贵的特色菜牛柳不过 18 元，这在别处，你也许只能买到一碗白水来喝。

盘飧市

“盘飧市”，一家开在市中心华兴正街的、成都人最认同的卤菜老店，同时是非常有名的以腌卤食品著称的餐厅。1925 年开业，在成都市的历史上十分有名。店名取自杜甫诗《客至》：“舍南舍北皆春水，但见群鸥日日来。花径不曾缘客扫，蓬门今始为君开。盘飧市远无兼味，樽酒家贫只旧醅。肯与邻翁相对饮，隔篱呼取尽余杯。”大多数成都人至今已不认识盘飧市的“飧”字，开口闭口都气宇轩昂地将其说成“盘餐市”。其实不对，“飧”念孙，不念餐，意指食物或熟食。杜诗中的“盘飧”，意为菜肴、下酒菜，这个被错读了半个多世纪的“盘餐市”有着一套秘制卤汁和繁复的腌卤制作方法，选料精良、干净卫生，具有特殊香味，所以一直顾客盈门，每天都排着长队。特别受欢迎的有卤排骨、猪尾巴，卤鸭舌、鸭翅。盘飧市的川菜属于标准的传统川菜，有咸烧白、卤拼、柠檬藕片、开水白菜等店家基本不做所谓改良的现代菜肴。餐厅门口有副对联：“百菜还是白菜好，诸肉要数猪肉香”，好喝酒的人，老远也要来打包几包卤肉带回去，用一盅老白干下着，那定是神仙一般的日子。

盘飧市
人均消费　约 30 元
地址：锦江区华兴正街 54 号附 2 号
电话：86750609

努力餐

努力餐
人均消费　约 70 元
地址：青羊区金河路
电话：86123382

“努力餐”曾经是四川地下党领导人的秘密联络点，创办于 1925 年 5 月，开业在三桥南街，1930 年迁到祠堂街经营宴席和零餐。1984 年按其原貌在人民公园旁边金河街 1 号复建。店名取为“努力餐”的含意有几种，一是源于古诗“弃捐勿复道，努力加餐饭”；二是孙中山的遗嘱：革命尚未成功，同志尚须努力；三是店主车耀先所提：“旧中国的民主愿望，就是要解决吃饭问题，努力、努力”；四是当时中共四川地下党人把革命理想融入社会实际，对大众的一种切实宣传。

现在努力餐的主办单位已经不详，外貌还是老样子，内堂已经很豪华，有不少历史故事和文物在墙上陈列着，店里最有名的是“革命饭”：每份用三四两米蒸，内掺肉粒、鲜豆、嫩笋和碎芽菜，色、香、味俱全，既实惠又好吃。其他的还有风味独特的红烧什锦、豆渣猪头、清汤黄秧白、大肉蒸饺等招牌川菜，当时主要满足倾向革命的教师、职员等低收入者聚会及日常消费，餐厅专门设计了低价格的配套菜——合菜。凉菜、热菜，红烧、清蒸，花样各异，制作精致，价格较低，沿袭至今。“努力餐”开了成都平民“快餐”的先河，从不因为顾客多而偷工减料，饭馆经常顾客盈门。努力餐曾经在 1935 年 4 月 4 日的《成都快报》上登载了一则很有意思的广告：“来成都，不能不先到努力餐！住成都，不能不常到努力餐！”

PART 02

食·色天府

吃得很便宜之——“苍蝇馆子”07

“苍蝇馆子”是名店的前身，可以说每个有名有姓的大牌都经历过一个“驱赶苍蝇”的开始。如今的成都“苍蝇馆子”已经不再是不干净、不卫生的代称，而仅是指那种开在偏僻地方，店面缺少装修，老板和小工比较纯朴，甚至有点邋遢懒散的店铺；食客能够在主顾当中随时听到市井味很重的“嚯”龙门阵；能吃的东西比较单调，但是味道独特。在稍微背静一点的小街小巷里，或者是城乡接合部随处都能找到这些看起来有碍观瞻的地方，只要吃一次，准保让你觉得这里才是活生生的天上人间。

“苍蝇馆子”里有着成都人才懂得的一天一个样的吃法，它们是滋养老成都的地方。因此，外地人要跟着他们去才能够找到味道非常“巴适”的东西，按照他们的说法，那叫“安逸得板！”意思是好得不得了。虽然“苍

雨田饭店
人均消费　约 25 元
地址：锦江区华兴正街 79 号
电话：86781582

锦江饭店
人均消费　约 16 元
地址：锦江区华兴正街 57 号
电话：6742063

洞子口陈凉粉
人均消费　约 32 元
地址：金牛区洞子口路老街河旁

白家高记肥肠粉
人均消费　约 12 元
地址：近郊双流县南三环白家镇
电话：82952805

崇州余荞面
人均消费　约 8 元
地址：锦江区纯阳观街 19 号

馆”没有店面环境和餐具服务方面的优势，但在味道上却不输给任何一家体面酒楼，因此成都的许多金领、白领，甚至一些显赫的人士都有在人神不觉之时混到那些口碑较好的小店去享口福的嗜好。当然，那些小馆子的服务对象多是些本地老人，花几元可以吃饱，花十几元就能吃好，再多点，几十元就可以做东请客了。因此，“苍蝇馆子”的另外一个特色便是价格出奇便宜。

这方面的杰出代表有：雨田饭店、锦江饭店、洞子口陈凉粉、双流白家高记肥肠粉、崇州余荞面、华兴煎蛋面、王梅串串香、厕所串串，等等，它们散布在市里或市郊的一些背静的街巷中，不起眼的店铺往往是其味道回味无穷的一种谦逊的掩护，只有吃过它，才会晓得什么叫作地地道道的成都民众生活。

在成都的“苍蝇馆子”吃东西，老板都很有意思，一般算账收钱时都会很轻松地给你返还一点小恩小惠，若你结账是 52 元，人家老板会很大气，并且很大声地说：“给 50 元就是了，哎呀，不成在！二回又来照顾生意就是。”然后，老远了，人家还要在背后甜甜地高呼道：“慢

走哈！哥！”

另外，还有一些被大众认可的菜出自有的单位食堂，譬如，省文联食堂的凉粉牛肉、茶树菇回锅肉也是被传颂为美食的菜品。有人还统计出成都有 56 个味道较好，可在让人中午去“搭伙”的食堂，如：

四川省文联食堂：红星路二段 85 号

成飞集团食堂：青羊区纬一路 88 号

成都铁路局食堂：一环路北二段铁路局内

省社会科学院研究生食堂：社科院专家楼 1 楼

成都工商联餐厅：东大街牛王庙段 100 号成都商会大厦三楼

华西集团十二公司职工食堂：解放路一段 95 号

冶金食堂：东马棚街 10 号附 1 号。

华兴街煎蛋面
别名：华兴煎蛋面
人均消费　约 10 元

锦江店分店
地址：锦江区梓潼桥西街 2 号正成财富 ID 大厦 1 楼（春熙路街道活动中心对面）
电话：89057070

华兴煎蛋面玉林北店分店
地址：武侯区玉林北路 15 号附 9 号
电话：85575420

大世界店分店
地址：武侯区大世界商业广场步行街 1 楼
电话：82828523

致民店分店
地址：锦江区致民东路 54 号附 2 号（七医院斜对面）
电话：85454547

玉林南店分店
地址：武侯区玉林南路 48 号
电话：85188663

玉双路店分店
地址：成华区玉双路 31 号
电话：84333759

梓潼桥王梅串串香
人均消费　约 18 元
地址：锦江区福兴街 62 号
电话：89981333

厕所串串
人均消费　约 35 元
地址：锦江区北顺城街
电话：13881899278
地址：青羊区新开寺街

PART 02
食·色天府

08 串串儿——成都人纠结于心的爱恋

串串儿，就是串串儿香，也是成都人休闲生活中必不可少的一档节目。虽然不是正餐之必需，却在间或的闲适中为人们拿得起却放不下。对于很多人来说，串串儿在他们心里真的是纠结于心的特别爱恋。刚开始几年还叫作串串香来着，也有些地方叫麻辣烫，后来就简单得点叫串串儿了。串串儿在形式上类似火锅，只是下锅烫食的东西是一些被竹扦串插起来的鲜肉、生菜，吃完后，老板亲自过来为客人“数扦扦”收账，一般是荤菜1元，素菜5角，十好几年了都如此。

吃串串儿的精彩之处在于那一盘干碟，一般是海椒面、花椒面、花生面三分碟面，其上是少许盐与味精，从油锅里取出的串串儿要到干碟里或轻或重地一裹，那种辣上加辣、香麻钻口、锦上添花的感觉就出现了，要是有一杯冰啤，或一杯豆奶做调和，再秀气的人儿都会不知不觉地吃出一大把扦扦来。串串儿与火锅看起来很相似，其实味道差别还是很大的。并且吃串串儿和吃别的心境很不一样，但从没有人说得清楚将菜和肉串起来烫着吃与从火锅里捞出来吃到底有什么不同。

因此，外地人在成都吃串串儿必须先明白一点，吃串串儿是不带品味珍馐的，串串儿店也不开在大雅之堂，它说到底就只是成都人一个傍晚的随性生活态度。这种饮食作为火锅的变种，它自然分布于一些小街小巷，是很能够照顾到行人即兴口馋的那种草率饮食，哪怕没有地方坐下来，就是站着也可以享受。听成都人常常说到对于串串儿味道的选择，那真是有些奇怪，好吃与不好吃的评鉴在外地人看来是一门独到的功夫学问，因为那舌尖的细微感觉只属于他们。如果一名外地游客到成都一趟，竟然知道去找玉林串串和厕所串串来吃的话，那这个人就算是融入成都的“主流社会”了。

一起吃串串儿不用客气，多是约到一起的同学、朋友、哥们儿、姐们儿们。据说开串串儿香店的老板几年下来的收益并不比那些楼苑馆堂逊色多少，因为生意实在好。据说水井坊附近的串串儿香小店已经牛到制定规章制度的地步了，他们要求每桌就餐人数不超过 8 人，就餐限时 1 个半小时，暑假和法定节假日歇业，至少提前半个月打电话订座，迟到半小时取消预订，等等。

有很多串串儿香的店面就十几平方米，但是各种小桌子、小凳子可以摆满整条小巷，排队等候的人更是一眼望不到头，不过可惜的是，好些串串儿香让很多人只记其味却不能说出具体位置。因此，外地人很多时候需要碰运气，在成都不多花时间去走街串巷，就找不到传说中的美食极品。这里只负责介绍一些家喻户晓的串串儿：

玉林串串香
人均消费　约 28 元
玉林店分店
地址：武侯区玉林正街 58 号
电话：85580723
蜀汉路店分店
地址：金牛区蜀汉路
郭家桥店分店
地址：武侯区郭家桥
草堂店分店
地址：青羊区青华路
大学路店分店
地址：武侯区大学路
三圣街店分店
地址：锦江区三圣街

玉林串串香

“玉林串串香”就名气与味道来说，当数天下串串第一家！作为成都人无人不知无人不晓的火爆串串，玉林串串从十多年前开业到现在生意一直红火。现在光在成都市区就已经有近十家分店。说它是成都串串的杰出代表，一点也不为过。这里菜品齐全，堂口非常热闹，因为客流量大，基本不卖存货。客人进店第一件事就是拿上一个盛菜的盘或筐到菜架前去挑选，每串的价格从两毛到两块都有，按照荤素定价，总体上都很便宜。取了菜，再点冰冻的豆奶和啤酒，锅一开就开始下串串烫菜。然后就是一片热烈：人们一边吃着，一边喝着，一边又喊老板再加一个干碟。懂得吃串串的人一定会要一碟泡菜来下蛋炒饭，这是一种来自当地人的神仙吃法。当喝到两颊微红，闹到声音都有些沙哑，肚皮也吃得鼓起来的时候，你便可以很大爷般地招一招手，高喊：“小妹儿，数扦扦！”每到付账埋单时，你会觉得刚才吃得舒服死了，而现在的价格更是便宜死了。

六婆串串香
人均消费　约 42 元
东升街店分店
地址：锦江区东升街
罗马广场店分店
地址：武侯区一环路南四段
浆洗街店分店
地址：武侯区浆洗街

六婆串串香

“六婆串串香”，红星路下穿隧道南口的锦江区东升街处有这家串串店，这里是串串香中的奢侈品，价格比一般串串香贵出很多。但六婆贵也有贵的道理，譬如使用

的锅底都是用的一次性火锅底料，你在现场会看到服务员现场为你剪开干净卫生的底料袋。再说六婆的菜品品种齐全，相对来说串串的堆头也要显得大一些，他们的大串牛肉，是普通的两倍大，这令好吃肉的人会眼亮心动。在六婆串串香还可以品尝到传说中的冷锅串串。顾名思义，冷锅串串其实是一种凉菜，就是把已经烫熟的串串香放到冷锅里面冷却入味后端给顾客食用，是串串香的另外一个品种，因为是冷食，所以夏日里非常受大众欢迎。冷锅串串多为红油味和双椒味。浓郁的麻辣鲜香，以及青红花椒加小青椒的清香丰富了冷锅串串的内涵。

青羊大道店分店
地址：青羊区青羊大道 30 号 1 楼
茶店子路店分店
地址：金牛区茶店子路
科华北路店分店
地址：武侯区科华北路 143 号蓝色加勒比广场内
新津店分店
地址：近郊新津县武阳南路 50 号新津一中斜对面
华兴东街店分店
地址：锦江区华兴东街 56 号
电话：89925199

康二姐串串香

“康二姐串串香”，虽然仅是开在锦江区中道街一个居民院坝里面的一家小店，环境陈旧，却拥有 70 多张桌子，东西更干净卫生，味道好得被成都人评价为“不摆了”，还被成都人誉为最牛的串串店，经常是时间还早就都卖完了。尤其是蛋炒饭，香到让人流泪的地步，常常引得客人吃完后纷纷申请与老板合影。而到了春节，店铺老板会率领 40 名小工集体飞到马尔代夫去旅游。后来据说这家“成都最牛串串”的康二姐串串香更火了，倒不是老板继续关门带员工去马尔代夫旅游，也不是排队几小时的人气阵势，而是该店出了一则告示：空调开放，每张桌子加收 10 元。此事在全城引起热议，吃货们纷纷调侃这家串串店“也开了豪华包间”。

康二姐串串香
人均消费　约 42 元
地址：锦江区中道街 99 号附 32 号
电话：13018231143

优品轩麻辣烫

“优品轩麻辣烫”，味道和环境都相当不错，年轻人居多，气氛非常活跃。有趣的是优品轩就开在四川大学南校门一家玉林串串香的旁边，按照成都话叫作“腾倒闹”，就是一起凑热闹的意思。

红又红串串香

“红又红串串香”在成都玉林一带是非常有名的串串名店，人均消费为 20 ~ 30 元。

此外，还受到成都当地的吃货们推举的串串是海椒市钢管厂宿舍内的“结子串串”，他们这样介绍说：“环境：没有；味道：不摆。”

更有甚者，竟然还有一家叫作“厕所串串”的，据说味道也很“巴适”。名气和历史都很远大的还有点“将台串串”等，它们是成都人永远也抹不去的记忆，一些好吃的美女每次都会夸张地说：“爱死串串老板了，巴不得直接嫁了，好天天吃那些美味！”

红又红串串香
人均消费　约 24 元
地址：武侯区芳华街 51-2 号

结子串串香
人均消费　约 41 元
地址：锦江区海淑市街 15 号钢管厂五区内
电话：13568886865

PART 02

食·色天府

成都的面食——一个不得不说的话题

09

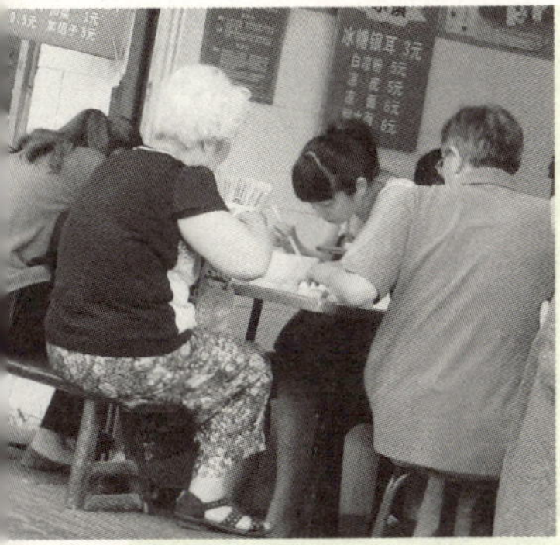

成都的面食素静，却也十分讲究。一个成都人创业，若不开茶铺，那他一定会开面馆。成都朗日不多，常常阴着，这样的天气人心往往散淡，在没有朋友聚会的日子里，一碗小面是自己对自己的最好犒赏，你需有素静的心情去那种普通的空间享受一碗食和一瓢饮的滋味。

成都人的秉性里矛盾地混杂了细腻和大气，明明是个南方城市，偏偏有人情愿在这个面上面做文章，也不看看翻过秦岭的那一面是个什么样子的天地，那可是八百里秦川上吼着秦腔的汉子们种下的一块块广袤的小麦地，那里的家家户户都至少有一位堪比白案厨师的面食巧手。但是，成都人还是不顾及这点，他们深信经他们手调制出来的味道才是最好的。

在成都的面馆吃面哪里是吃面呢？分明是大家在搅和一碗什么都要放齐的辣椒作料嘛。从那些名称就让人好奇向往的面食中，人们仿佛看见了张曼玉定制的那一身又一身的花布旗袍：铺盖面、糖水面、宋嫂面、牌坊面、煨面、焖面、查渣面、碎臊面、勾魂面……

华兴街煎蛋面

华兴街煎蛋面
别名：华兴煎蛋面
人均消费　约 8 元
地址：锦江区梓潼桥西街 2 号正成财富 ID 大厦 1 楼（春熙路街道活动中心）

“华兴街煎蛋面”，是成都煎蛋面馆中的翘楚。据说自新中国成立前就卖起，几十年味道不变，而且一直坚持只卖煎蛋面一种，面条细腻，微含酸味，煎蛋外酥内软，蛋香浓郁，被老成都人整整记忆了大半个世纪，为成都做出了特别贡献。华兴街老店现已改作他用，新店搬至梓潼桥正街和玉林街后仍然叫华兴街煎蛋面老号，据说在成都不知道到哪里去吃这家面食会被人瞧不起呢。

崇州羊马查渣面

崇州羊马查渣面
人均消费　约 19 元
地址：锦江区新南门王家坝街

“崇州羊马查渣面”，由崇州羊马镇查姓大妈所创制，是“查姓肉渣面”的简称，几经变化就被叫成“查渣面”，说是选取上等精白面粉经手工反复拌揉，制成富有弹性、筋道绵长的细水叶面条，肉渣选用猪腿或全瘦肉，与鸡肉同煮熟后制成肉末，放入锅内用文火炕干；面汤采用猪棒骨和鸡骨熬制而成。而最为精彩的是佐餐的泡菜，那叫个酸、脆、甜！萝卜、白菜是头天才下到泡菜坛里的，必须在第二天捞出来食用，否则味道就重了，成都人把此种泡菜叫作“洗澡泡菜”。往往二两面、半碗“洗澡泡菜”和一份蹄花汤下来，人就口爽肚圆，可以上山打虎了。

羊马查渣面老店在崇州羊马镇，现在羊马镇已形成查渣面一条街，远近闻名，成都市区也有很多家，比较出名的在金家坝。

拜居奇味面

拜居奇味面
人均消费　约 9 元
地址：武侯区肖家河环二巷路口
电话：85152046

“拜居奇味面”是城南肖家河的一家小店，因为天天门前排长队，掌柜的见店小人多，便给每位排队的顾客都发一只板凳在门外坐着等，久而久之，这家店就被人叫

成“板凳面”。问题还不止于此，店家竟然只卖中午一顿，老板道：“每天的新鲜肉臊卖完就关门。”有群众反映，中午打烊以后，老板和小工们都要出去玩麻将。

大碗面

“大碗面”在市中心的红墙巷，一家如此普通的面铺竟然可以让知晓的人们像游览风景名胜一般专门去吃，难免让人感慨万千。说实话，那面条还是面条，还是煮来吃的那个样子，店家不外乎配上了一小碟青豇豆、一小碟小咸菜和一碗海带汤，最后才烘托出一碗麻辣味的炸酱面来。

大碗面
人均消费　约7元
地址：武侯区洗面桥街9-21号

川味肥肠面

“川味肥肠面”，是多少人魂牵梦萦的四川典型的美味，也是在任何一个地方都找得到的吃食。将精选的肥肠切成片状，将食用油倒入炒锅中预热，油沸之后，倒入豆瓣酱、花椒、干辣椒，炒香后放入肥肠爆炒，倒入骨头汤，小火慢炖。然后在一个空碗中放入葱花、姜泥、蒜泥、胡椒、花椒、辣椒油、香油、盐、味精、醋，将面条煮好，捞入作料碗中。最后，将煮好的肥肠混合着煮肥肠的汤一块舀进面碗里面，这样一碗美味的川味肥肠面就呈现出来了。

徐老八原汁面
人均消费　约 8 元
地址：武侯区新南路 65 号
电话：85445886

徐老八原汁面

“徐老八原汁面”，算是成都老资格的一家面馆了，所卖的怪味面、脆臊面、鸡杂面和鳝鱼面款款入味、道道鲜。开在成都林荫街七中的对面，街头有人戏说：“成都七中有三霸，文科霸、理科霸，还有对面的徐老八。”一家小面馆，能有徐老八这样十多年生意火爆不变的既罕见，也常见。原因只有一个，那就是面食上乘。每天早、午两段时间，徐老八生意最火爆，门口必定拥挤得水泄不通。

此外，在吉祥街还有一家熊姐大碗面，其中一个品种叫作“豪华面”，一大勺臊子真的是豪华配置：牛肉、排骨、鸡杂等一大堆，套用一句成都当代标准语句，那是“一个光吃臊子就能够把肚子整饱的地方”。在正通顺街，一家包子铺也是凭真材实料赢得了一二十年的口碑，每天下午 3 点起，门前便排起长队，包子无名，是买包子的人们送了它一个名字：战旗包子，缘由是包子铺开在成都军区战旗歌舞团旁边。

PART 02
食 · 色天府

吃鸡还是吃鱼——这是一个问题 / 10

“吃鸡还是吃鱼？”这是友人间在吃火锅上的一种照顾别人口味的客气。在众多的美食中游历，人们要做的就是能够常吃常鲜，花样无穷。火锅鱼正是一种高也能成低也能就的食法，所以为人们特别青睐。杜甫一生写诗无数，说到吃呀喝的也主要是对世间不平的苍凉感慨，但是在成都时他曾写过这样轻松的诗句：“青青竹笋迎船出，白白红鱼入馔来。”第一次这么雅致地描绘吃鱼。

成都火锅鱼的做法和吃法最讲究的一点是，会把鱼的鲜嫩、润滑，以及麻辣入味而出鲜的那种质感放在首位，所以尽管是一锅辣椒汤，却煮出了口感特别的鱼鲜。川菜的招牌菜“水煮鱼”其实也就是一道火锅鱼的做法。

在鱼火锅中，还分冷锅鱼、烤鱼及其他吃法，口味差异一般就在丝毫之间。仅在鱼的选择上就有草鱼、花鲢、鲇鱼、黔鱼、泥鳅、鳝鱼、黄辣丁等不同的品种。除了鱼火锅的鲜嫩适口，它的高蛋白、低脂肪也成为近年来人们特别喜爱的。

谭鱼头

"谭鱼头"，是成都鱼头火锅的元老，在全国各地都开有分店，成都店在人民南路四段曼哈顿1楼，是所有分店的总店。店面装修雅致，宽敞气派。以独家配方和一次性锅底取胜，鱼头新鲜，没腥味，肉质细腻，尤其是放在红汤里的，吃起来非常过瘾，但是价格也不便宜呢。

谭鱼头
人均消费　约140元

龙腾路店分店
地址：武侯区龙欣路
电话：85227799

人民南路店分店
地址：武侯区人民南路四段49号1楼
电话：85222266

琴台路店分店
地址：青羊区琴台路205号
电话：87777789

三只耳

"三只耳"是成都知名火锅店，以冷锅鱼为特色，火锅锅底红汤麻辣鲜香，有香浓的青花椒味；鱼都是现杀，吃起来鲜嫩至极，且毫无腥气；还有招牌香辣蟹，鲜辣入味，香软滑口，的确不愧为招牌菜；服务不错，环境也好，再加上价钱不算高，因此生意极好，常要排队等座位。

三只耳火锅
人均消费　约77元

玉双店分店
地址：成华区玉双路25号
电话：84382688

倪家桥总店分店
地址：武侯区倪家桥路10号
电话：85530188

宽窄巷子店分店
地址：青羊区宽巷子19号
电话：86696660

天祥店分店
地址：成华区天祥街18号
电话：84380128

愚头记

"愚头记"也是以冷锅鱼为特色的火锅店，其冷锅鱼分净鱼头和带二指宽鱼肉的半鱼头，肉质鲜嫩，锅里红汤亮色的，看着就有食欲，味道偏麻。环境不错，感觉很舒服，服务也很到位，价钱合理，内行人建议一次点够鱼肉，否则再放进去煮的味就淡了。生意挺好，周末经常要等座位。

愚头记
人均消费　约51元

正府街店分店
地址：青羊区正府街115号
电话：86622116

成温店分店
地址：青羊区清江东路368号
电话：87338779

沙湾店分店
地址：金牛区沙湾东一路63号明阳大厦1楼
电话：87644486

庄子村

"庄子村"，是一家走大众化路线的江湖菜店，无论价格还是菜品都贴近普通人，店的面积非常大，共有三层，环境都不错，颇为温馨。做的就是平常川菜，味道

都相当不错，手烹鱼非常有特色，做法是烤鱼方式，属于喜欢吃鱼的朋友必点菜之一。冷锅鱼也是这家的特色，肉质鲜嫩，相当有口感，这里的鱼头超级大，很新鲜，属于最大众的必试的菜式。服务也到位，菜式的分量也很足，服务挺热情的，很适合家人或朋友、单位聚餐，性价比超高。

沱江鱼府

"沱江鱼府"是典型的鱼火锅店，主打冷锅鱼，味道好，便宜是最大的卖点；鱼都是现点现杀，肉又香又嫩，分量比较足，另外环境和服务还跟得上，性价比超高！特色菜：冷锅鱼（科华南路、清水河龙腾中路、八里小区双建路、西体路、小南街冠城花园、玉林南路玉林生活广场、八宝街金色夏威夷、黄田坝英国小镇三期、羊西线花好月圆、一环路东二段有分店）。

打渔郎

"打渔郎"，由重庆人带入成都的鱼火锅，底料采用四十余味名贵中草药及各种精选调料加上纯植物油熬制而

庄子村
人均消费　约 53 元
玉双路店分店
地址：成华区玉双路 9 号
电话：84323225
倪家桥店分店
地址：武侯区人民南路三段倪家桥路 2 号
电话：85579595
李家沱店分店
地址：金牛区李家沱三友路 158 号
电话：83331508
玉林东街店分店
地址：武侯区人民南路三段玉林东街 16 号

沱江鱼府
人均消费　约 51 元
青羊店分店
地址：青羊区小南街 123 号冠城花园 3 楼
电话：66276666
羊西店分店
地址：金牛区羊西线蜀汉路 89 号花好月圆广场 1 楼
八宝街店分店
地址：青羊区八宝街金色夏威夷 163-165 号
电话：66615533

双建路店分店

地址：成华区双建路 81 号

电话：83289999

玉林店分店

地址：武侯区玉林南路 15 号玉林生活广场内

电话：85539895

西体店分店

地址：青羊区西体路 1 号中地锦尚大厦 2 楼

电话：66124666

重庆打渔郎火锅

人均消费　约 50 元

锦江店分店

地址：锦江区海椒市街 60 号

电话：84516193

龙泉店分店

地址：近郊龙泉驿区龙都南路 3 号附 8-12 号

电话：66236677

八里店分店

地址：成华区八里小区桃蹊路 18 号

电话：66083103

交大店分店

地址：金牛区银河路 1 号附 30 号

电话：66708873

永陵店分店

地址：金牛区抚琴南路 1 号

电话：87793491

营门口店分店

地址：金牛区二环西三段 119 号综合楼 1 楼

电话：66209336

张大胡子鱼头火锅

人均消费　约 64 元

青羊店分店

地址：青羊区清江东路 312 号

电话：87360118

静居寺路店分店

地址：锦江区静居寺路 20 号绿野天城 2 楼

电话：84590111

成。它具有传统火锅的麻辣鲜香，又吸取了京味火锅和重庆火锅的精华，打渔郎火锅坊均采用无污染水域的通威花鲢鱼，全选用当年所产，大小严格控制在 1 ~ 2.5 公斤，鱼本身具有人体必需的蛋白质、脂肪酸、微量元素。并均由顾客现场挑选宰杀，现吃现煮，并配有秘制的调味碟，不仅保持了鱼的鲜、嫩，而且醇和厚道，油而不腻，辣而不燥，神奇清香，吃了不上火。这家生意也一直都很好，人气很旺。特色菜：冷锅鱼。双楠小区少陵路、八里小区桃蹊路、一环路南一段九眼桥好望角、金沙贝森南路等有分店。

张大胡子

“张大胡子”，是一家主打鱼头火锅的川式火锅餐馆，环境不错，简洁干净，空间挺大的，经常有人排队，人不多时服务就很好；鱼头相当新鲜，鲜香肥美，一点都不腥，还有独特的汤底和蘸料，红锅、鸳鸯都不会让人失望，尤其是鸳鸯锅底的汤，鲜得很，配料丰富，确实是做到了营养美味，很香很诱人。地址在清江东路靠近成温立交桥附近。

PART 03

名家美食坐标

成都的美食店遍布于城市的每个地方。要知道，最正宗、最好吃的东西一般都藏在街角旮旯儿处。此外，在成都周边的区、县，也有着不少绝色美食，也藏在那些需要好生找一找的地方。所以就算是在成都市区以内，以那些区县地名开头的餐厅招牌下也是每日门庭若市。有人做过一个概略的统计，说成都市区加上所属区市县的全部口碑美食总数在万数以上，要把它们挨家吃完，起码得用好几年的工夫，即使是成都最好吃、最懂吃的人迄今也没有谁能够说自己吃遍了成都的美食。

在市区，因为餐店密度太大，其位置边缘相对模糊，也没有人能够将吃东西的地方界定清楚。也许，成都的美食本身确实是一两个标准划分不清的，能够说明白的永远只是大致的方位，或者类似的口味，而不是所有。如果真的有人要按图索骥的话，也一定要用发展变化的眼光看问题，要是不比较灵活地进行现场对照，难免错过一些很不错的地方。但若一定要对照门牌号找的话，这又是一件难事，其实最好的办法是向出租车司机报店名，让他们把你送到门口或附近。

曾有“专家”站出来说：无论站在哪里，成都市的美食分布都是呈“扇面”扩展开来，要是我们来理解，那也就是说，你根本用不着特别地去寻觅，所有好吃的东西也许就在你的眼皮底下。另外，就其店铺的密度和质量来讲，把成都说成是一座典型的超级东方食城也不为过。

在市区，起码有超过30条非常著名的特色美食街区，保守地估算，至少也有5000家，若按照东、西、南、北中来划分，可以简略记住以下几个集中区——

东有三官堂饮食街、万达广场美食街。

西有光华村美食街、羊西线美食一条街及府南新区火锅一条街、一品天下美食一条街、金沙和同善路美食区、沙湾路沙西美食一条街、武侯祠大街–双楠美食区、火锅美食·府南新区。

南有玉林美食区、科华路美食街、领事馆路美食街、衣冠庙、肖家河饮食街、罗马广场、紫荆南路美食街区、人民南路南延线休闲餐饮街、华阳特色美食街。

北有祥和里饮食街、小关庙、李家沱饮食街。

城中心有春熙路美食街、草堂餐饮娱乐圈，琴台路、锦里西路、芳邻路和青华路美食区，耍都美食街、望平街美食区、新城市美食区、九眼桥美食街区。

大众美食区 01

主要有城西双楠、光华村、金沙和同善路、沙西美食街；城南肖家河饮食街、紫荆南路美食街区、华阳特色美食街；城东三官堂饮食街；城北祥和里饮食街、李家沱饮食街。

这类地区是地方传统饭馆和一些新创品牌餐饮的集中区，特色饭馆、面馆一家挨着一家，因为口味相宜，加之价格便宜，当地人往往拿它们当自己的食堂，不时地会举家前往，外地人可不能小瞧了这些档次略低的铺面，其中的味道往往很是出彩。

02 经典美食区

主要是城西羊西线上长达数公里的美食街。这些店铺的兴起，跟成都会展经济的兴起和新居住区的发展有着重要关系。这个全称“羊市街西沿线”的地方，是一条自城中心发端向西出城的著名街道，按餐饮店铺的长度算应有 5 公里之长，作为闻名全国的美食一条街，早已是红了十年有余的事情，如今再提及，它还是成都最具有代表性的美食街。整条大街几无其他杂店，全是酒楼，而且品牌云集，高、中、低档纷呈，中餐为主，兼有火锅等。这里有一批名噪江湖的餐饮精品：川菜有红杏、大蓉和、夕阳红和味道江湖四大家；粤菜则有号称四大品牌的银杏、圣淘沙、海港城和潮皇阁；其他各地美味这里也应有尽有：毛家饭店的湘菜馆、北国天香的东北菜、福满楼的涮羊肉，日式松阪烤肉、韩风苑韩国烧烤、巴西烤肉，还有欧尚对面的红森林西式主题餐厅……

03 火锅美食区

主要有城中琴台路、西安路，城西府南新区等。它们是成都市区火锅比较集中的地方，名气最响亮的几家大火锅店基本上都在这里，加上两条街相距不远，人们总抱着吃不了这家吃那家的心理去那里。

紧邻羊西线的府南新区是新近崛起的特色火锅一条街，有近 20 家大大小小的火锅店，除三只耳、孔亮、刘一手、食圣黄辣丁火锅、曾实记泥鳅王风味庄的土泥鳅火锅、赵老四九尺鹅肠火锅、坝坝筵生抠土鸭肠火锅、鲍鱼圣汤火锅、开元和鲜火锅等品牌火锅之外，还有笋子鸡火锅、连锅、盆盆虾、山珍火锅、美蛙火锅等，都是一些味道美且价格适中的店铺。每到晚上热闹无比，满大街都飘逸着诱人的麻辣香味。

04 文化美食区

主要有城中草堂餐饮娱乐圈、宽窄巷子餐饮区。另有九眼桥美食街区、琴台路、锦里西路、芳邻路和青华路以及清江东路、杜甫草堂、青羊宫、文化公园和百花潭公园、浣花公园、送仙桥艺术城片区等成都文化底蕴深厚的美食圈。琴台路上新子云亭饭庄、狮子楼火锅与皇城老妈、文君酒家、飘雪酒楼各具特色。省博物馆旁边有会所级酒楼“柴门蜀郡”，再向浣花公园周围延伸，是一大串与柴门类似的豪华隐蔽型的会所酒楼，如“食画”“浣花篁台”“晶泽印象”等。

在宽窄巷子餐饮区，几十家餐饮酒家中有超过半数以上是高品质、高消费型的会所，基本上都按照院落式的格局样式展开，有的还采取“闭门迎客”的方式，非预约者不予接待。这里是成都观赏和体验多于品食的文化美食集中区，消费水平人均 300 ~ 500 元。

青华路上则有谭鱼头、老成都公馆菜、陈麻婆豆腐、金满堂等酒楼；清江东路有卞氏菜根香、重庆德庄火锅、重庆孔亮鳝鱼火锅、江北老灶、大宅门年火锅、金盆地酒楼、重庆盆盆虾等。

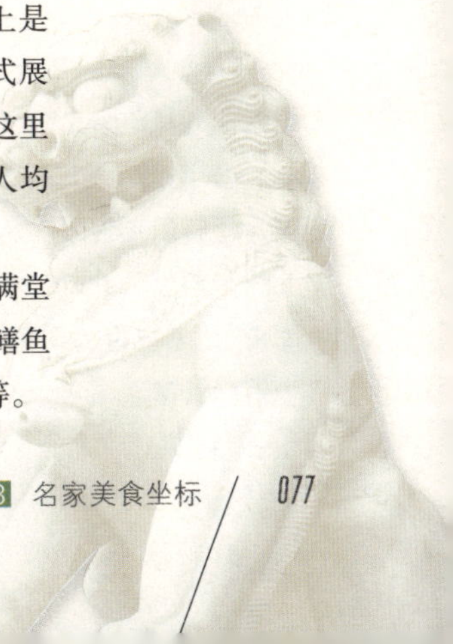

传统美食区 05

主要有城西南武侯祠大街、双楠街区等。此线路是公认的花钱不多且吃得很好的绝妙去处，总体属于中低档消费水平。沿着街面一望，全是让人想一脚跨进去的那种酒楼。那里的“新山城菜根香”主推麻、辣、烫、鲜的菜根老豆腐；“孔府寒菌汤”力主用文火煨成野生菌；“石象湖大酒楼”所有味香口感好的菜品都出自蒲江的生态食材；“钦善斋”的药膳火锅一再强调以滋补为主。在武侯大道上，“武福源”酒楼菜品味极正，又有价格贴近大众的优点。在火锅方面，“大唐人”是该条线路上的领军品牌，店内还有歌舞伴餐和茶园配套。外双楠的“置信逸都城”一带同样汇集了数十家酒楼，如“大卫营蓝色海岸”“新天府大酒楼”“高丽轩韩国烤肉”“凯悦家宴”等，不胜枚举。

06 精粹美食区

主要有城南的科华路－领事馆路－玉林小区－中华园、紫荆小区、衣冠庙、罗马广场，城西的光华村—优品道，城中心的“耍都”美食街等。它们是成都餐饮密度最大的地方。

例如，科华路有路魏火锅、快乐老家、玉龙火锅、赵老四九尺鹅肠火锅、合记鲍鱼火锅等风味火锅，有海上海、海上皇、天仁海鲜粤菜馆、新外滩酒店、泰国鱼翅馆，还有阳光餐厅、繁华居、大自然河鲜馆、毛哥老鸭汤等川菜酒楼。此外，还有“老石人家”辣螃蟹、“红星大酒楼”“老成都公馆菜得月楼”，以及好多家各具特色的小型西餐馆。

07 商务休闲美食区

主要是城南人民南路南延线。在20公里长的人民南路及其南延线上，风景怡人，几十家特色餐饮在这里迅速兴起，这一线是成都市餐饮业的高档路线，内外环境极好。多是园林式生态餐饮，典型的有领事馆路、倪家桥、桐子林、会展中心、孵化园、华阳等几大片区的餐饮区。几乎每个路口进去不远都会有中高档次和顶级豪华的会所酒楼。

上座、锦上、莲花府邸、南府涟漪、食圣生态园、南草坪川桂轩、蜀丰百菜百味酒楼的蜀丰霸王宴是中国名宴，价格昂贵，且需提前预订。

中档美食区 08

主要集中在城中一环路以内的望平街、三洞桥、通锦桥美食区。那里有飘香酒楼、锦官驿酒楼、仁和鲶鱼庄、三只耳、张记怪味怪、外婆乡村菜等大型的餐饮场所，更多的还是中小型的酒楼。锦官驿酒楼招牌菜品有湖南风味的酱椒鱼头、沪上风味的毛蟹年糕和粤式锦官大王蛇等；外婆乡村菜酒楼的乡村鸡、飘香骨、霸王鱼头等麻辣鲜香；三只耳冷锅鱼肉鱼头鲜嫩滑爽，每晚客人需排队候座。

PART 04

住不是问题，问题只是想住哪里

成都的酒店多得没法说，在数量上可与茶馆比肩。所以，住不是问题，而问题是想住在哪里。一般，选择什么样的地方住是由自己的旅游态度决定的，人们说的方便实际上就是指出行的方便，如果不愿意过多借助出租车，那还是从自己的需要出发，选择某个方位的地方住下来，这样，你可以在一些很随意的时间里步行到那些好吃又好玩的地方去。

有人说在成都住那些珠光宝气的宾馆酒店是“瓜娃子”的选择，花那么多的钱，还不一定“耍”得安逸。因为在许多人看来，在成都的地道“耍”法是要深度介入当地的普通生活中，太高雅了就与那些生长在市井中的文化精髓生分了。不过尽管如此，听说那些价位很高，其他消费也很高的豪华酒店依然是天天爆满。

当然，对于游人来讲这只是个喜欢的程度问题，如果恰有文化个性层面的追求，或可以像一个驴友那样，背负行囊，拿一份羊皮纸印刷的地图，在迷宫一般的城市里找寻自己的天地，在行游中沉湎于自由时光，那种感觉即可谓天赐。成都很适合以这种方式游玩，人在自由中可以真正松懈下来，晃荡所获得的定是完全不同的。

在成都找家酒店来住不是一件难事，问题是你要找的地方应是可以对这个城市有所了解的地方，所以，不妨先在网上好好做做前面的功课。

>> 城中心地带

有太多一眼就看得到的豪华宾馆酒店，如锦江宾馆、岷山饭店、索菲特万达大饭店、成都城市名人酒店、明宇尚雅饭店、成都富豪首座酒店、天府丽都喜来登饭店、西藏饭店、新华饭店、香格里拉大酒店、总府皇冠假日酒店、东方广场假日酒店、加州酒店等。

>> 城东

望江宾馆。

>> 城西

金牛宾馆、成都天之府温德姆至尊豪廷大酒店。

>> 城南

凯宾斯基饭店、世纪城假日酒店。

二环路内外的中档宾馆差不多每条街上都有，50 米以内就会有好几家。所以，最好先确定自己的活动方位，然后去附近的街巷里找，而不是以人去将就那些名气在外的酒店宾馆。

连锁酒店价格比较便宜，但是同样清洁周到，而且覆盖全市各处，在网上很容易就能订到，在街道上也很容易遇到，它们是：印象图腾、莫泰 168 旅店、如家快捷、格林豪泰、7 天、99 旅馆、速 8、安逸 158 连锁、汉庭连锁、山水时尚、E 居酒店、小憩驿家、马瑞卡连锁、宜必思、城市客栈、望园连锁、锦江之星等，嘉立连锁、爱维连锁等，可以根据自己的需要，就近选个地方住处下来，也可以先住下来再根据需要调整一个你希望的位置，也可以直接住到远郊那些区市县的特色酒店里去。总之，在成都住不是问题，问题是你想住在哪里。

>> 像驴友那样 精明地住

只有荣幸地成为一位具有“LP”情怀的驴友，或者成为一位驴友方式的追随者之后，才会发现做驴友是多么美好的一件事情：第一，可以很低碳地穷游四方，不必在比富斗狠中帮那些豪华装修埋单；第二，可以不修边幅，穿着宽松的衣裤，走累了就钻进一家青年旅舍的集体宿舍睡觉；第三，可以在每个歇脚的树荫下与当地的婆婆、大爷攀谈，顺便在旁边要一碗可以自己加醋搁辣椒的小面吃；第四，可以把行囊取下来随手往旁边一扔，在一个很对脾气的地方泡壶茶，要杯酒，跟认识或不认识的朋友们摆摆去年和今年的龙门阵，讲一讲旅途中不一般的经历，或者就地招呼一位师傅过来捶背，享受一下“人生三大乐事之一”的掏耳朵……

凡此，无须豪华，只要干净和清静，直接挤进驴友的窝里去恐怕是旅行中最为惬意的事情了。

成都有几家著名的青年旅舍以极其温馨的个性受到了驴友们的热爱，它们分布在市区一些安静或者喧闹中的安静路段，用特别的气息向人们传达一种新新人类的亲切，以它半自助性质的营业方式满足天涯旅人的短暂沉湎，那真的是一种完全的自由时光。

进了店，才能知道原来世间还有如此散漫之处，那是一个完全意义上的旅人世界，人们有混杂的语言，更有同样善意的微笑，虽然是玩，他们却更低碳和纯粹，它温馨地照顾着南来北往的天涯行者们。据说，要进入这个轨道并不是件容易的事，驴窝门成天都敞开着，但要是之前没有做过准备和拥有以苦为乐的精神，便难得要领。

龙堂国际青年旅舍

龙堂国际青年旅舍，就业内评价来说，它的名气理当排在成都第一驴窝的位置，在著名的宽巷子的中央地段，客栈经营了成功，也经营了成都，其知名度一直居高不下，被广泛地认为是驴友之家。过去 10 年间，这里迎来了数不清的海内外驴友，人们在那里的院子里住下来，阅读、静坐、小声攀谈，有许多人在这里相识、结伴，又以此为起点，重走天涯路。

九龙鼎青年旅馆

九龙鼎青年旅馆，位于成都市武侯祠大街上，离武侯祠不远，门口乘公交可以方便地到任何地方。房间也很便宜，四人间也不是上下铺，这点比许多青年旅舍都好，服务人员都很和气，有家的感觉。只是环境一般，没有太多的情调装饰。

林隐客栈

林隐客栈，位于市中心的青石桥，与同类的青年旅舍相比具有很高的性价比，单间带厨房、卫生间118元/天，套间带厨房、卫生间138～158元/天，加床20元/位。房间非常好，房间装修各不一样，地段也极为热闹，楼下就是令人眼花缭乱的小吃街，什么白家肥肠粉、青石桥豆汤饭、可以喧闹一宿的海鲜烧烤……而且，离成都最热闹的春熙路就几分钟的路。

老沈青年旅舍

老沈青年旅舍，一环路北四段的这家旅舍，在繁华热闹的大街上那扇宁静的门永远都开着。时间和价值在这里似已淡去，那是一种让人在经意和不经意间才可能被唤醒的感觉。

人在旅途，这是你发现的任意一个驿站，皆因为舍内有一栋为行者而爬满绿色植物的小楼你才在此停泊。进入大堂，笑容成为一种最通用的世界语言，来自不同国家的人皆有愉快的心情在这里飞扬。走廊很适合刻意穿过，在回廊上摆放着的小矮桌旁边，你可以在人称“马架子”的竹躺椅上怡养你的心情，用旧茶壶泡出的茶也是一帧晃动的风景。

懒骨头青年旅舍

懒骨头青年旅舍，从名称上就可看出，它表达了某种特别的自由主张。在“弥漫着咖啡香的地方”好好放松自己，是懒骨头的另外一个招牌。处于成都的繁华地带的青羊区羊市街上，既方便，又干净，还很人性化，价格也较便宜，感觉较自由。大厅里的确弥漫着咖啡香，中间有张台球桌，有吉他，可以无线上网，可以免费租 DVD 看碟，还有各种关于旅游的书籍等，很多很随意的东西懒散地陈列着，可以穿着拖鞋、背心就在那里喝酒，仿若住在朋友的家里。

索玛花青年旅舍

索玛花青年旅舍，位于成都市中心南大街，锦江宾馆后门处，紧邻成都著名的府南河，交通便利，距武侯祠和新南门客车站也就几分钟的路程，到春熙路步行街也方便。酒店的食物历经三年东西方文化的熏陶，融合了东西方菜肴的特点，不仅好看还好吃，而且营养丰富，价格更是便宜。有免费的最新旅游咨询服务和接站服务。

交通饭店

交通饭店，虽然不像龙堂客栈那样宁静，但是它以坚持多年不变的位置和服务的简单，成为成都接待中外自由行游客最多的地方，位置就在市中心靠南的锦江河畔临江中路。这里有“小联合国”之称，许多来自国内外的背包游客都喜欢来此，旅舍和家一样亲切，店内的员工如同朋友一样，他们会认真帮助客人们在成都旅行，为大家介绍最地道的成都生活。房间极其普通，是一种不一样的住宿体验，在市中心的“黄金地段”上，居然有的房间里没有电视，也没有公共卫浴，房间设施旧。住在这里的客人多为徒步念青唐古拉和虎跳峡的暴走族、骑单车环游世界的背包客，还有自驾游去拉萨看纳木错的专线爱好者，他们绝对不需要装饰太多的豪华与时尚。

驴友记青年旅舍

驴友记青年旅舍，这是现代和传统文化的碰撞之地。进入此地，即刻发现自己已经消失于现代都市。烛烟缭绕的寺院，朱红的古老院墙，有晨钟暮鼓下的诵经声传来，还有络绎不绝的香客来往。周围是青砖片瓦的民居，还有往来商贩的吆喝，到附近的文殊坊要一碗豌豆凉粉，或尝尝正宗家常川菜的味道，价格便宜味道十足不说，顷刻间还会有所顿悟。如果是素食者，那么一回头，文殊院的素餐厅正好满足你的需要。

格格吉祥青年旅舍

格格吉祥青年旅舍，在武侯广场附近碧云路 1 号碧云天小区内。不豪华，却温馨，因为在小区内，所以安静、安全。因为考虑上下床方便，所以设置了步梯式的木床，老人和孩子上下都没问题。客栈带书房、茶室、户外小花园，可品茗聊天，免费无线宽带上网，是集音乐文化、背包旅游文化、餐饮文化、茶文化于一体的综合客栈。有点艺术氛围，自在惬意，不仅仅是一个睡觉的地方，更是一个交朋识友的地方。这里还能够提供 DIY 方式的自助厨房和私房菜订制。可以自己采购食材，动手下厨，收费 20 元 / 人。客厅有一个能坐 18 人的大餐桌。

可以提供本地游、郊区游、藏区游、高海拔专业登山、单车检测等方面的向导。老板这方面的朋友较多，比如岩羊户外的罗日格西，比如专业的川藏线单车检测点速超车行。还有人称甘孜藏族州活地图的康定老家老板陈哥。这家青年旅舍的掌柜云格格，是一位满族女子，非常开朗豪爽，有着丰富的户外休闲活动组织经验，2011 年进入成都电视台美女私房菜创业大赛十强，2012 年获得东方卫视《顶级厨师》人气选手奖，真是棒得不得了。

名　　称	星　级	电　话	地　　址
锦江宾馆	★★★★★	85506666	锦江区人民南路二段 80 号
岷山饭店	★★★★★	85583333-3100	锦江区人民南路二段 55 号（锦江饭店对面）
芝芝西餐厅		85583333-3210	岷山饭店 1 楼
索菲特万达大饭店	★★★★★	66669999	锦江区滨江中路 15 号
巴赛丽西餐厅			索菲特万达大饭店 2 楼
雍锦天府餐厅		65058899	索菲特万达大饭店 3 楼
富仕料理			索菲特万达大饭店 2 楼
城市名人酒店	★★★★★	86833333	锦江区人民南路一段 122-124 号中铁名人大厦
喝彩西餐厅	★★★★★	86211455	中铁名人大厦城市名人酒店 2 楼
明宇尚雅饭店		88876666	武侯区临江西路 1 号
兰图餐厅		88876666-8310	明宇尚雅饭店内
中餐厅		88876666 转	明宇尚雅饭店内
富豪首座大酒店	★★★★★	88878888	武侯区人民南路四段 48 号
普瑞斯蒂台塑牛排		62938978	富豪首座酒店 1 栋 2 楼 1-5 号
御花园咖啡厅		88878888-8033	富豪首座酒店 2 楼
天府丽都喜来登大酒店	★★★★★	86768999	青羊区人民中路一段 15 号
荟星庭西餐厅		86768999—3200	天府丽都喜来登大酒店 2 楼
天宝阁中餐厅		86768999 转	天府丽都喜来登大酒店 4 楼
西藏饭店	★★★★★	83183388	金牛区人民北路一段 10 号
红宫餐厅		83183388 转	西藏饭店 2 楼
咖啡厅		83183388 转	西藏饭店 2 楼
新华饭店	★★★	66105555	青羊区新华大道玉沙路 157 号
香格里拉大酒店	★★★★★	88889999	锦江区滨江东路 9 号
香宫		84097888	香格里拉大酒店
蓉咖啡西餐厅		88889999-6888	香格里拉大酒店 1 楼

名　　称	星　级	电　话	地　　址
总府皇冠假日酒店	★★★★★	86786666	锦江区总府路 31 号
皇冠咖啡厅		86786666-8323	总府皇冠假日酒店 2 楼
华亭顶级粤菜食府		86669333	总府皇冠假日酒店 2 楼
景福楼		86786888	总府皇冠假日酒店东 2 楼
东方广场假日酒店	★★★★	4008825398	锦江区东大街芷泉段 231 号
蜀咖啡		61306688	东方广场假日酒店内
加州花园大酒店	★★★★★	87649999	金牛区沙湾路 258 号国际会展中心内
望江宾馆	★★★★★	84790000	锦江区下沙河铺街 42 号
天人食府		84790000 转	望江宾馆 1-2 楼
马六甲餐厅		84790000 转	望江宾馆内
芭提雅餐厅		84790000 转	望江宾馆内
金牛宾馆	★★★★★	87306666	金牛区金泉路 2 号
天之府温德姆至尊豪廷酒店	★★★★★	87890888	近郊郫县望丛中路 1088 号
玫瑰人生西餐厅		87890888 转	天之府温德姆至尊豪廷酒店内
凯宾斯基饭店	★★★★★	85269999	武侯区人民南路四段 42 号
凯宾斯基怡时自助餐厅		85269999 转	凯宾斯基饭店 2 楼
普拉那啤酒坊餐厅		85269999 转	凯宾斯基饭店 1 楼
凯宾斯基大堂吧		85269999 转	凯宾斯基饭店 1 楼中央
世纪城假日酒店		4008825398	武侯区高新区世纪城路 208 号
图腾印象酒店		65593366	武侯区浆洗街 12 号
（体院店）分店		65033366	武侯区一环路西一段 130 号
（金凤路店）分店		65303366	青羊区金凤路 1 号附 1 号
莫泰 168（九眼桥店） **别名：Motal 168 分店**	经济型酒店	85455000	锦江区一环路南一段老马路 14 号
如家快捷酒店	经济型酒店	66778877	青羊区人民中路三段 6 号川北宾馆内
（人民公园店）分店		86253111	青羊区少城路 9 号
（抚琴店）分店		87718999	金牛区一环路西三段 128 号

名　称	星　级	电　话	地　址
（正府街店）分店		86786111	青羊区正府街 155 号
（罗马广场店）分店		85120009	武侯区一环路南四段兴蓉西巷 4 号
（新南门店）分店		66771777	武侯区南台路 8 号
（骡马市地铁站店）分店			青羊区羊市街骡马市地铁站口
（四川师范大学店）分店		65976660	锦江区静安路 1 号附 40 号
（王府井店）分店		68531111	锦江区福兴街 72 号
（武侯大道店）分店		87030888	武侯区武侯大道双丰路 283 号
（西玉龙街店）分店		86930666	青羊区西玉龙街小福建巷 7 号
（浣花北路店）分店		65035777	青羊区浣花北路 2 号
（红照壁店）分店			锦江区红照壁 25 号
（新鸿路店）分店		84368666	成华区一环路东三段 192 号
（玉沙店）分店		65522777	青羊区玉沙路 45 号
格林豪泰酒店	经济型酒店	8008998998	青羊区东城根上街 34 号
（巴斯比店）分店		66610841	金牛区抚琴西路 208 号
7 天连锁酒店	经济型酒店		
（红瓦寺店）分店		89602288	武侯区群众路 5 号
（武侯祠店）分店		85598788	武侯区浆洗街 24 号军队干休所内
（小天竺店）分店		85576688	武侯区黉门街 8 号 1–6 楼
（红照壁店）分店		81689988	青羊区陕西街 106 号
（盐市口店）分店		66516688	锦江区梨花街 9 号
（科华中路店）分店		81293388	武侯区科华中路 5 号
（宁夏街店）分店		61988999	青羊区宁夏街 1 号
（玉林店）分店		85596677	武侯区玉林东路 8 号
（春熙路店）分店		86661100	锦江区春熙路城守街 73 号 5 楼
（华兴正街店）分店		61326700	锦江区华兴正街 39 号商业场新座 16–19 楼
（青羊宫店）分店		87712200	金牛区一环路西三段 7 号西月大厦 3 号
（世纪城新会展中心店）分店			武侯区高新区德赛二街 88 号复地雍湖湾 32 号楼

名　　称	星　级	电　话	地　　址
（玉林南路店）分店		65538877	武侯区玉林南路 12 号附 1 号
（火车北站荷花池店）分店		83351777	金牛区解放路一段 202 号附 12 号
速 8 酒店	经济型酒店	85250058	武侯区科华北路 60 号 SOHO 沸城 A 座 5 楼
（春熙店）分店		86611555	青羊区太升南路 180 号（近沃特酒店）
（文殊坊店）分店		65322888	青羊区人民中路三段 4 号
（东大街店）分店		86651616	锦江区东大街 85 号
（太升北路）分店		86920888	青羊区太升北路 16 号
（抚琴西路店）分店		87742499	金牛区抚琴西路 220 号
（海椒市店）分店		60231148	锦江区莲花新区北二巷 2 号 6-7 楼
（一号桥店）分店		83317373	成华区建设北路一段 76 号
（北门大桥店）		86939988	青羊区北大街 107 号
锦江之星	经济型酒店	86938939	青羊区银丝街 3 号
（体育学院店）分店		66898000	武侯区一环路西一段 115 号
（东风大桥店）分店		84478588	锦江区东风路二段 15 号
（玉林店）分店		66326666	武侯区倪家桥路 2 号附 44 号
（磨子桥店）分店		85239339	武侯区科华北路 36 号
（金仙桥路店）分店		87682266	金牛区金仙桥路 5 号
（银丝街店）分店			青羊区银丝街 34 号
龙堂国际青年旅舍	青年旅舍	86648408	青羊区宽巷子 27 号
九龙鼎青年旅馆	青年旅舍	85548131	武侯区武侯祠大街 246 号
林隐客栈	青年旅舍	86700186	锦江区大业路 6 号财富中心 A 座 2040 室
老沈青年旅舍	青年旅舍	81979337	金牛区一环路北 4 段 211 号
懒骨头青年旅舍	青年旅舍	65377889	青羊区羊市街 16 号
索玛花青年旅舍	青年旅舍	86113500	青羊区南大街 81 号
交通饭店	青年旅舍	85443322	锦江区新南门临江中路 6 号
驴友记青年旅舍	青年旅舍	83222271	金牛区星辉西路任家湾 23 号
格格吉祥青年旅舍	青年旅舍		

PRADA

PART 05

溜街逛店

成都的商业跟这座城市的吃食一样，繁茂，有滋味。城市的悠闲精神被洒在了每条街道，每个地方都风味十足，如热闹时尚的商场，七零八杂的临街店铺。在一些小街的店铺前经常会有“刘总毛了，含泪跳楼价”之类令人捧腹的方言标语，令人很想进去逛一逛。

逛成都的商业街跟逛成都的公园或文化景点几无区别，配套性极好，吃喝玩乐一应俱全，最有“逛头”的地方大致有：人民南路、盐市口、春熙路等。

城中区一环路以内

主要有人民南路、盐市口商业区、春熙路商业区、琴台路特色商业街、锦里特色商业街、文殊坊特色商业街等。

人民南路，按照方位有横说和纵说，横是从天府广场周围说起，主要的商场在此集中，有新华文轩、远东百货、百盛摩尔、仁和春天等大型商场。然后就要说到盐市口，新中国成立前西南地区盐是重要的稀缺商品，四川的盐市交易多在这里，所以其名气早就很大。它是成都市最著名的商业中心，因毗邻春熙路，是一个多向的路口。原有一个声名赫赫的“人民商场”。现在叫茂业百货，使这里成为成都的

一个标志性地段。现在，这里作为与天府广场和春熙路、青石桥，以及顺城街西玉龙方向的衔接地区，扩展了商业圈的范围，无论是不是节假日，这里都人潮涌动。总府路与春熙路段的王府井百货是中高档购物场所。伊藤洋华堂春熙店位于春熙路旁，人气极旺，据说是伊藤洋华堂的全球销售冠军店。太平洋百货春熙店以经营高档服饰、化妆品、首饰为主，商品价格不菲。春熙路，是一条成都近一个世纪以来的繁华表达；作为商业街，它是成都商业气氛最浓的地方，是引领时尚的地标。近年虽然新商业区在市区各处不断萌生，但这里依然保持着它百年以来的熙来攘往。成都人公认这里是成都市四季时装的露天发布中心，这里每每出现的第一道新鲜色彩都有可能成为后来的都市季风而风靡全城，乃至全四川。

而人民南路的纵向则是一个串联式的商业街区，街区很长，现在还在继续向南延伸，而每延伸一段就会有一些新的商业区展现出来。甚至，一些老的路段上也在逐渐改造成新的商业街，譬如位于天府广场的下端一站路左右的红照壁，现在已经叫作置地广场，这是目前成都最为高端的奢侈品商厦；在一环路口新建有一座叫来福士的广场。在三环路段，是一座大商业群，有宜家、富森美家具、凯丹、欧尚等大型商场，再往下还有……

城东

有新华大道和红星路交界处的四川特产商城，它是成都市产品最齐全、规模最大、价格最实惠的特产商城，有数百种产品，从工艺品到四川各个地方的特产美食，一应俱全。万达商城是东城二环路上的一座大型购物商城，购物、吃喝娱乐设施非常齐全。

城南

在二环路边，有凯丹广场。在三环以外，有九方购物中心和茂业百货、会展中心商业街，以及伊藤洋华堂和欧尚等商场的分店。

城西

在二环路边，有仁和春天百货西二环路店；有伊藤洋华堂双楠店，主营中高档服饰、珠宝、化妆品，是成都最高档的商场之一。

PART / 06

街边听来的龙门阵

用某种研究的眼光看成都的休闲，它是有些滋味、有说道的，一些学者认为，成都的休闲在于它有三大历史本钱：一是都江堰；二是移民；三是满城。

自从有了都江堰以后，成都平原灌区的人们真正过上了“水旱从人，不知饥馑”的好日子，每遇开春时把水稻秧苗插到田里，都江堰便帮着自动调剂水丰水缺，除了点把点的田间管理外，人们就开始叉着两手坐等秋收了，闲余下来的时光是好几个月的炎夏，人们无事可做，自然会变着花样去琢磨吃喝玩乐，所以时人谓之天府。相比于其他地方，是水利解决了这方人的吃饭问题，人们有了大把的时间来浮生赋闲，所以龙门阵也就多了起来。

又由于成都历史上每个阶段都迎来过比较大规模的移民，外地移民的进入总把一些新鲜和别样的文化带进来，让成都获得了一个守在家门口的学习机会，于是交流和融合的东西进一步丰富了成都的休闲品种。

特别是康熙年间满蒙旗军驻扎成都少城后，兵丁家眷数量越来越多，因为旗人们除了军事射骑外基本不担负其他生产，在旗人家一出生就能得到大清帝国的人头俸禄，所以他们不愁吃穿的优越感十足，通常表现为玩鸟溜犬、字画古玩等，因此这样的风尚又为当地人所倾慕。

三者相加，终于提炼出成都独有的民俗式休闲。

因此，无论经意还是不经意，在成都的街边总能顺风听来许多很有文化含量的龙门阵。

龙门阵之一：
“成都过去有三多”

成都过去的老龙门阵大都不登大雅之堂，譬如其中有一个说“成都过去有三多”。

所谓“三多”，一是茶馆多，二是水井多，三是厕所多。这在今天容易理解，三者正好连接成一个循环的关系：因为茶馆多，需要取水方便，所以水井多；由于人们喝水多，所以需要许多厕所。

如此说来，前面提到的成都的茶文化还真不是瞎掰，要是再延伸一下，就要说到成都的地理与气候。成都平原四周是山，中间是盆地，比起外面来，这里多了些云遮雾障，交通又不畅，外面的消息要传达过来很不容易。所以，成都人就养成了喝茶摆龙门阵的习惯。所谓龙门阵，本身有一些神话的状态，人们在这样的环境里，或妄自尊大，或虚心聆听，总是要凑到茶馆里才晓得到了什么朝代，发生了什么事情，现在该说哪一口话了。于是，日久就出现了谚语说的那样：“头上晴天少，眼前茶馆多。”这是成都的历史，也是它的文化。据《成都通览》记载，清末成都街巷计 516 条，而茶馆即有 454 家，几乎每条街巷都有茶馆。1935 年时，成都《新新新闻》报就有载，成都共有茶馆 599 家，每天茶客达 12 万人之多，而当时全市人口还不到 60 万。去掉不大可能进茶馆的妇女和儿童，茶客的比例是一个相当惊人的数字。

如今的“三多”当中少了“两多”——水井和厕所，特别是水井，据说只有巴金的老宅子门前还有一对双眼井，其余的都不在了，而厕所则移到了合适的地方，只是茶馆还多，多得让人傻眼，有统计说达到了 3 万家。

龙门阵之二：
“金温江，银郫县，叫花子出在双流县”

“金温江、银郫县、叫花子出在双流县”的说法是个老成都的口头禅，典故来源于那个温江和郫县是天府之国的中心区的时候，成都对周围县区的优劣评价。

那时候的双流县位于锦江下游，居于上游的温江和郫县那么天遂人愿，庄稼自流灌溉，出产比较丰富，是年年都不知饥馑。而另外一些地方，如双流县等，相比之下就富不如人，成都方言有时过于刻薄，这里的表达其实也就是那个次一等的意思，说出来却很伤人面子，好在这已经是旧话。

温江的富庶的确无可改变，因为它的农业水利之便，作为成都市第一卫星城，它是四川省第一个小康县。4000多年前古蜀鱼凫王国便发源于此，一直是所谓的川西重镇。李白、杜甫、陆游、朱熹等竞相在此游历，留下了“蚕丛及鱼凫，开国何茫然”等千古绝唱。近年作为四川及中国西部花木主产区，绿化极好，很多大型花卉展都在此举办。

再说郫县，那个古蜀时期杜鹃啼血的神话传说就出自这里，从古至今，这里西接都江堰清流，东是成都市区，农业的富庶及靠近中心城区的区位优势似无可比拟，它既是最充分的农耕地区，也是有着一大批高新技术产业群的县份。

而双流县现在的GDP增速是当时说那个顺口溜的人们无论如何也想不到的，它的经济实力水平高于整体成都的，不光是四川百强县之首，在“2010年度全国中小城市科学发展百强县市”中排名第27位，在“2010年度全国中小城市最具区域带动力百强县市”中，是全省唯一入选的县。世道沧桑，从前也只是从前了。

龙门阵之三：

“打点小麻将、吃点麻辣烫、喝点盖碗茶、看点歪录像”

成都有很多事和很多龙门阵都跟吃喝玩乐有关，这怨不得谁，长久时间封闭在盆地里，不说吃喝，不讲玩乐，也真没有其他什么好讲好说的。这倒很符合“民以食为天”的道理。虽然这说的是过去，但是后来的成都人在生活习性上也多少延续了从前的一些东西。

十几年前到成都，当地民众中便流行这种“打点小麻将、吃点麻辣烫、喝点盖碗茶、看点歪录像”的随性说法，我们与他们一样有赞许的意思，宁愿认同它是一种恬淡自然的踏实生活态度。

麻将是成都人生活中很重要的组成部分。因此，麻将桌摆到了一切风景秀丽的地方，什么桃花节、梨花节、油菜花节的，不过是个由头，人们看花事小，打牌事大。在许多地方，几乎所有茶馆的桌子翻转过来统统都是麻将桌。街边树下，不管什么人，认识的或不认识的，男女老幼坐到一起就说规矩，什么五角一块，一二四八不封顶，直根弯根查叫退税，刮风下雨巴倒烫，血战到底，可谓名堂繁多。有的杂货铺前，老板与伙计全在麻将桌上，遇有顾客买东西，要不头也不回地说声“自己拿就是”，要不起身然后拉旁边一个娃娃顶上来，而小孩居然也可以和大人一样手臂飞舞，不打生张。

吃点麻辣烫，是关于饮食简朴的一种表述，有不求大鱼大肉，安于过小日子的意思。再者，所谓麻辣烫也是一种休闲美食，外地人不理解，当地人不隔三岔五地“整”上一点，那可是连觉也睡不着。

成都人对于坐茶馆的热爱是从他们的爷爷、祖爷爷那会儿兴起的，从很久远的时候起，男人们有事没事都到茶铺里传个话儿听个信儿什么的，习惯了，就都热衷那里的闹热。因此，这样的文化现象延续了很久，至于现在，它成为人们谈生意会朋友的客厅。有话说：“一个成都人若不在家里，就一定在茶馆里；要是不在茶馆里，就一定在来茶馆的路上。”

关于“看点歪录像”，这是个有点时代背景的说道，大约在20世纪末，比较流行用DVD机放录像带，除了那些正经的影片外，有些成人影片也在人们的私底下猖獗地流行，有人酒足饭饱后，将窗帘一拉，独自悄悄地看点公共场所看不到的限制片，这被许多人当作一件乐事。在成都，歪的意思主要是假，不正经，非正路，所谓“歪录像”，除了有内容不雅外，也有盗版的意思，几元钱就可以看几十集连续剧。

这样的取向符合一些人不走高雅路线的散漫态度，这是逍遥一方轻松自在的形象写照。据说在此之下，有许多外地人也稳不住了，十分艳羡成都的这样坦白的潇洒，所以有一个在各地流行的段子这样说：“如果你还青春年少，就考个成都的大学；如果老大不小了，就找个成都的工作；如果都不行的话，就讨个成都的老婆。”呵呵，不过这都是以前的事了。

龙门阵之四：
“找个地方晒太阳”

成都人喜欢晒太阳是因为这里阴天较多，人们要排除暗湿就只能期盼着出太阳，一遇有阳光的时候，就全都急巴巴地找个环境舒适的地方，在煦日与和风中喝茶赏景、打麻将。

前面讲来讲去，好像成都人离不开麻将似的。的确，按照今天麻将在成都民众中的普及和熟练程度，想那当年刚刚蔚然成风时，若不是这道长久不倒的小长城，中国的乡村旅游不知道还能不能在这里孕育成形，并起步前行。正是麻将文化的风靡一时，才把那种抑制不住的中国式民间低成本经济如同山花竞放一样地搞活了，虽然其社会效应褒贬不一，但是起码对于大众来说，它起到了娱乐安神和小型民间资本运作的作用。另外，它作为中国市场经济的民间辅导教材，教会了在市场经济的规则中“亲兄弟，明算账”，同时进一步丰富了作为地方语言文化的民风民俗。如今，在成都的当代话语里，麻将语言很有些“挑大梁”的地位，譬如：“重新洗牌”，就是指代建立新秩序；大龄未婚叫作“单吊”，再婚戏称“换叫”；大凡同学聚会，人们见面的第一个玩笑便是：“你娃换叫没得？”在《中国城市批判》一书里，作者心情颇为沉重，但也很文化地将成都描述为“一座砌在麻将桌上的城市”，足见麻将文化在这里的根深蒂固。

成都市井有一首顺口溜：“嬢嬢晒太阳，爱去农家乐；麻将打一块，棋牌打五角；赢了不开腔，输了紧到说；饿了杀馆子，茶钱各给各。”嬢嬢是那些广大的中老年妇女的泛指，她们因为历朝历代都是家务事缠身，属于最难得有空闲的阶层人群。但是，近些年来，成都的嬢嬢们“耍”得却很疯，常常是打扮得十分妖艳地一拨一拨地集体出行，她们不光占领市区的公园、茶楼、茶馆，足迹还遍布市郊各处的农家乐。

龙门阵之五：

“那二年伸的红庙子”

“那二年伸”是成都话“那些年”的意思，“那二年伸的红庙子”却是一个让成都人忘不掉的时间和就地发财的好地方。

1992年，邓小平同志在南海边上画了一个圈以后，内地的经济开始搞活起来。成都人反应最快，在一个叫红庙子的地方开了一个证券交易所，在以后的很长一段时间里，这里成为人们的淘金地，每日有成千上万的人拿着原始股票和现金在这里自由交易，后来要身份证了，又有人到乡下去买身份证。红庙子的红火持续到国家规范证券交易市场，出现了沪深两个股市，人们才慢慢散去。但是，现在仍然有老成都人会怀念那时的好光景，“嘀哟！之爽，头天揣3000元现金去，第二天滚一转就能抱个大彩电出来，每张渣渣股都捡得到钱！”有很多现在的富豪讲起自己的创业史，都会提到“那二年伸的红庙子”。

龙门阵之六：“小通巷，一个很文艺的闷骚之地”

小通巷是一条乍一看很不起眼的街巷，而事实上却是最值得说道的非主流之地，很多人熟悉锦里和宽窄巷子那样的热闹处，却未必了解这条街道，它是波波族们投宿和发呆酿情的地带，灰色的老式楼房静静地靠在路边，某个窗口偶尔会探出个脑袋来看看街道上的路人。

在近几年里，这条不足两百米的小巷子慢慢成就了它的文化脾性，它由一个简单得毫无内容的苍白地段逐渐成为天下文艺青年、背包客、艺术家们尽知，而旁人一概不知的地方。作为一个新兴的，被资深小资们津津乐道的圣地，它坐落在宽巷子的附近，临街的小店都别有一番情调，是这些年里城市中少有的自然形成，无人工打造痕迹的“原生态”驴友聚落。虽然与大名鼎鼎的宽窄巷子仅两街之隔，但它却凭质朴与宁静低调地表达着它的特质。午后或傍晚，在小通巷点一杯咖啡，翻一本书，跟几位新老朋友坐坐，你会发现，你正在享受一种由自己讲究出来的安闲。

但是，在巷子的入口处却是比较粗俗的茶座和大排档冷锅鱼，街边是一个接一个的麻将摊，成都的平常人家也就生活在这些地方的后面。进入腹心地段，街对面的房屋店铺正在拆迁，只有街的另外一爿在昂扬着它们的情调，反差下的对比不是窘迫，是不刻意的风尚。于是，灰色的老式楼房，构成了这条街的主要底色。风情十足的咖啡屋、水吧，品位独奇地穿插在干杂店，或者五金铺之间，为游客加添了一道灰色的印象风景，正因如此，小通巷才自有了一份宁静和淡然。它是如此让人亲近。

几家带有小资气质的房间叫：“朵朵家”、“喜鹊咖啡”、“香巴拉”、“四号工厂”、“早上好”、“飞鸟鱼”、“柒月”等。总之，它们不是餐吧就是小酒吧和茶坊，要不然就是青年旅舍，或者是手工制品工作室。

当地人介绍说，小通巷三年前还只是半条巷子，后来搞污水整治才与另外一条叫栅子街的打通，这里一直是一条安静、普通的小巷。先是有先锋艺术家来这里开店，后便引发了更多年轻人的加入。按照成都市的民俗学家的说法，过去这里是一条清静到连家商店也没有的小街，后来成都保温瓶厂在此修建，又废弃了。如今之所以受青睐，完全是因为文艺青年的流行所致。

小通巷上最高调的建筑装潢要算“四号工厂”了。这座在原成都保温瓶厂旧址的基础上改建而成的 LOFT 式青年旅舍，作为小通巷的标志性建筑，比其他地方都要建得艺术，外墙是“原生态”的青砖，室内有裸露的钢筋水泥横梁，直接闪耀着很文艺的粗犷。室内墙面上是很细腻的白漆铺底，大幅抽象派油画、简约的布艺沙发，以及各式有趣的摆设增添了休闲的趣味与温馨。

四号工厂地方虽小，却五脏俱全，网区、吧台、餐厅、书铺等应有尽有，还可住宿，它的廊道是一个氛围极佳的艺术展场，因此这里会不定期地举办艺术展，以亲切且独特的方式为客人展现很时尚的世界文化，最重要的是，其中有不少作品正是由住店的旅客带来的。餐厅确如自己家里的一样，进门处的小书柜和飘窗区座位的旁边小窗格里有些小玩意儿，很是有情趣。菜品多是味道相当“巴适”的独创私房菜，据说店老板还会根据客人的气质和口味帮助安排丰盛美味又经济实惠的餐饭。此外，四号工厂还提供自行车租赁服务，以及图书、电影阅览服务。工厂里的牛奶书铺提供明信片慢递服务，客人选一张原创明信片，可以寄给未来的自己或者未来的他或她。

“朵朵家”是最早开在小通巷的咖啡屋。女老板热衷旅游，曾在泸沽湖开过客栈，回成都以后，因为觉得有大把的时间可以利用，就把家的感觉延伸到了店铺。她用铁皮暖壶、老式收音机、风琴、老照片、梳妆台等古旧物什营造出一种历史的痕迹，害得好多年轻人都喜爱不已。一个简单得像是个过去工厂劳资科办公室的地方成了行游客和白领们的据点，每天总有咖啡的香味若有若无地从那里飘散开来；玻璃窗前，总有一幅美丽的图画：一群嬉戏的美女、帅哥聚在一张花格布桌前，旁边单座上的美女正捧着一杯香茶，纯真地望着窗外……

朵朵家不卖烈酒，不卖勾兑香精、色素的饮品，拒绝味精类食品添加剂，室内不能吸烟，简餐都由老板亲手调制，“芝士焗薯泥”口感极好。因此，要是午后能够窝在朵朵家的小露台上，晒晒太阳看看书，一定是一种超级享受。朵朵家都是回头客，一回生二回熟，大家慢慢成了朋友。朵朵家还会不定期放映电影，会请一些达人来与大家交流旅行经验，偶尔也会有民谣歌手来这里弹唱。

小通巷装饰得最精致的酒吧叫“香巴拉”，老板力图把这家小店变成放飞心情的地方。所以，店里显得精美绝伦，珊瑚、鲍鱼化石、古老梳妆台、盘绣等摆设都很受看，老板是偶尔才来，而且只是作为客人来坐坐。员工说，老板特别喜欢丽江，所以把这里装饰成民族风情很浓郁的地方。

在小通巷开店的，几乎都是这样一群很文艺的生意人。春日暖阳拂照的时候，各家小店街沿处的咖啡桌前，三三两两地坐着晒太阳的年轻人。一壶茶、一杯咖啡、一本书，还有一下午的美妙时光。特别是从四号工厂出来，

朵朵家咖啡馆
人均消费　约 45 元
地址：青羊区中同仁路小通巷 12 号
电话：86262508

喜鹊咖啡
人均消费　约 76 元
地址：青羊区小通巷 3 号附 8 号
电话：18980001357

香巴拉音乐酒吧
地址：锦江区金桂街 75 号附 13 号

四号工厂青年酒店露天吧
地址：青羊区同仁路小通巷 4 号
电话：86263806

morning 早上好
地址：青羊区中同仁路小通巷3号附15号

飞鸟鱼私房菜
人均消费　约54元
地址：青羊区中同仁路小通巷1号
地址：86691346

柒月
人均消费　约31元
地址：青羊区小通巷

山鹰厨房
别名：山鹰私房菜
地址：青羊区下同仁路泡桐树街20号附1号

便有愉快的心境去发掘这里的点点滴滴，人们会在博客里充满深情地回味那里的提拉米苏，很认真地评价每家咖啡的浓香。而最早发现小通巷的是外地的玩家，就算是现在，成都人知道小通巷的恐怕也没有几个。

"普洱房"的门面窄得只有两米多宽，如果不是那块悬在屋檐下的牌匾，则让人很难相信这里是一家小茶坊。"普洱房"的老板姓房，幽默，有现代娱乐精神。传说此老板每天会根据情绪，在睡到自然醒后才来店里打理业务，因此他那两扇卷帘门的店何时能开业，开业多久，只有他才知道，偶尔起了玩兴，把门一带便走人。随性、随情和随意诱惑着所有跟房老板一样性情的客人。正是因为喜欢老板的随性，这里反而有不少爱家。暮色降临时从他家窗前走过，客人总是满座，昏黄的灯光下，古朴简约的桌子、普洱茶包装纸张贴的墙面、几条长凳上，画画的人在谈意境，摄影的人在说经历……

小通巷的"山鹰私房菜"的布置也很特别，他们家的主题大于内容，墙上全是旅游用品和照片，似乎他们并不着意突显他们的菜馆。在面积不大，只能招待约三拨客人的地盘上，店主人总是热情地牵出他所养的三只靓狗来与客人周旋戏玩。上菜时，客人方发现这家的厨艺超出了想象，色、香、味均达到相当水准。

"早上好"那个家庭式的小酒吧仿佛永远都摇曳着欢快的旋律在向人致礼。老板也是个年轻的性情中人，玩过乐队，同样是带着"玩"的心态开了这家店。在他的眼里，早上好就是一切都好。所以他的客人主要是艺术家和艺术爱好者，有玩音乐的、画画的，大家都喜欢这里的拥挤。"早上好"总共有三个房间，中间的房间有两组座位，每组仅可以坐4人，里面的大房间最大负荷20人，外面靠窗位置仅可以坐4人，在那种最想逃避的时候躲在带书柜的小隔间里看书，世界就由你主宰了。晚上，店里音乐永远不断，总离不开雷鬼、爵士、布鲁斯、乡村、迷幻、沙发电子一类音乐。店内还放置了一些乐器，包括吉他、贝斯、手鼓、风琴、口风琴，爱好音乐的音乐人可以随便玩。在三圣乡，早上好开了一家仅有4个床位的分店，声称可以为艺术爱好者、靠谱的人免费提供10天住宿。这样的主张首先被客人们认为很靠谱。

“荒石公园”是一家原创产品店，店家主张“吾爱生活，自然甚之”，在他们售卖的手工笔记本、相册、陶瓷制品、菩提项链中，完全体现着他们坚持以自然为主题的理念。老板是两位学设计的年轻人，几年前他们在小通巷闲逛时找到了想象中的感觉，就在这里合作开办了一个工作室，将其称为荒石公园。他们说，很喜欢安静的街、安静的事物、安静的设计，在这里，一花、一草、一木、一猫、一狗，都是荒石公园的灵感源泉。后来因为小通巷半条街修建，就搬到不远处的红墙巷，仍然保持了那种很纯粹的主张，一片洁净的白，颇具有后现代的风尚。荒石公园开设的网店很有活力，甚至成为手工制品的批发中心，热爱和具有自然主义思想的朋友们是其常客。

龙门阵之七："天府广场的今生前世"

因为是成都的城市中心，天府广场不光在地理位置上特别，在城市的文化印象上也很有分量。这几年原来在这里的一些政府机关已经迁移到别的地方，而开始把省、市的图书馆、美术馆、博物馆、大剧院等建造在这里。一片至少有 20 个足球场那么大的花岗岩石地面上是人们可以自由行走，并且不受任何交通规则限制的真正广场。对于一个外地人来说，若不到那里去走走停停，你就无法理解成都这个城市的格局特性。

据说城市中心的天府广场一带，在古时叫作"皇城"。历史故事里说，公元 908 年"前蜀"时期，王建割据四川称帝时，国号"大蜀"。次年，王建改原"子城"为皇城，其宫殿便是"蜀王府"。

公元 1371 年，明朝朱元璋之子朱椿被封为"蜀王"，在旧址上重新修建"蜀王府"。新"蜀王府"的兴建一改过去历代城

市主轴偏心的布局，首次确立了成都正南北的中轴线，形成类似北京紫禁城的南北中轴线东西相对称的庞大建筑群，从此形成了影响后世的成都城市建设格局。“蜀王府”历经战火，多次兴废，都始终维持在城市的正中心位置未变。

公元 1644 年，张献忠攻陷成都，曾以这里的“蜀王府”为宫，两年后撤离时纵火焚城，“蜀王府”再次毁于一旦。公元 1655 年，清朝廷将“蜀王府”旧址改成了全四川省乡试之地，最大规模时可让 13900 多人同时进考，贡院中有“明远楼”和“至公堂”，东西两边则为鳞次栉比的考棚。民国以后，这里先后被用作军政府和其他民政办事机构。四川大学曾在此办学。

这个四川人考状元的地方，那时叫作贡院考棚。在“万般皆下品，唯有读书高”的年代，它的地位在地方上就是代表皇权朝威浩荡的标杆，因此也极受当地官民的重视，府衙还专门为其修建了一座牌楼，贡院依然被人们尊为“皇城”。“皇城”前面的空地，就是百姓口中的“皇城坝”，位置在

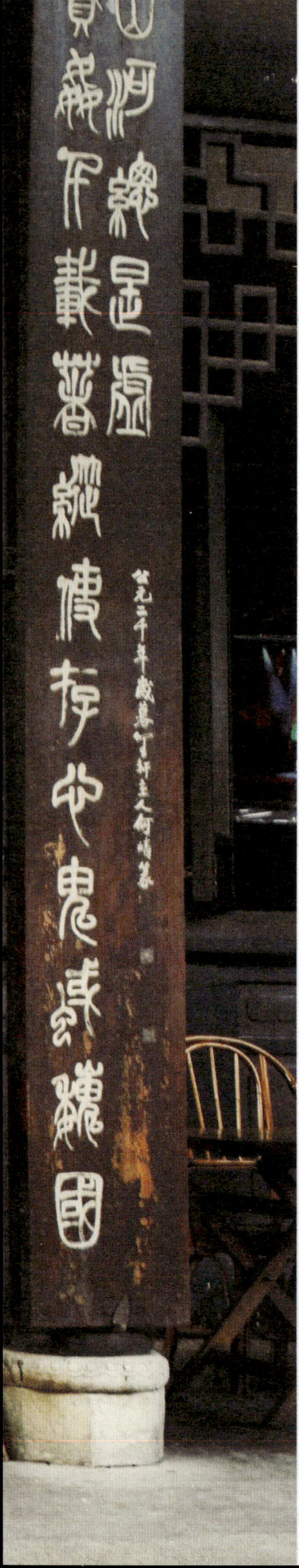

今天的“天府广场”北端的展览馆一带。

以坐北面南的毛主席雕像为中心，正对了一条叫作人民南路的大道，这条大道在过去的几十年里一直是全四川人的骄傲，这是因为它的宽阔，1951~1958 年当时的市领导用非凡的眼光毅然决然地决定将这里拓宽成能够“并排开 10 台以上解放牌卡车”的康庄大道。

“文化大革命”开始时，当时的领导人为了表示对于毛主席的无比忠心，在 1967 年下令拆掉了“皇城”的古建筑，于原址上新造了一座“毛泽东思想万岁展览馆”，据说几乎当时所有的成都市民都参与了这座展览馆的修建，在那个经济比较落后的年代里，建设方似乎只开支了工程的材料钱，而拆迁以及人工等，都借助了人民群众高涨的革命热情，并且只用时 11 个月就改建成功，现在这座著名的展览馆又改为“四川科技馆”，成了向当地的中小学生提供科普教育的参观场所。因为多次重点建设，这里成了成都的主要街道和城市的脸面。

在名称上，这里过去主要的名称是皇城坝和人民南路广场，而天府广场的名称是 1998 年才正式命名的，之前有一家香港的地产开发商已将所建大厦取名叫天府广场，然后有社会人士呼吁应将人民南路广场更名“天府”，所以这家企业便主动将“天府”之名归还市政府，重新命名。

如今的人民南路仍然是一个极大的概念，它变长了，很长很长，包含了从天府广场向南延伸约 30 公里长的街区，沿途有仁恒置地广场、仁和春天等商区，高新技术开发区、成都市行政区、金融城、新国际会展中心等。

龙门阵之八：“百年春熙”

其实，有“百年春熙”之称的春熙路到现在还不足百年，它开始于1924年，由当时的四川督军杨森出钱建成。最初，街道以杨森的头衔“森威将军”命名，叫“森威路”，后又有一些当地的夫子认为不妥，再从《道德经》中取“众人熙熙，如享太牢，如春登台”之义，联名将此路改为“春熙路”。

同成都市的其他商圈相比，春熙路的最大特色在于汇集了众多品牌的各类专卖店，以及拥有众多的中华老字号商场，是外地游客和本地白领偏爱的购物地点。春熙路商圈中也不乏大型商场、酒店等。从购物的角度看，春熙路最迷人的地方就是商业业态非常丰富，有亨得利钟表、精益眼镜、成都工美商场等百年老店与太平洋百货、王府井百货和伊藤洋华堂等大型商场，以及众多的精品专卖店，价格从高到低一应俱全。还有美食餐馆，如中华老字号的名小吃钟水饺、龙抄手等，同时聚集了诸如麦当劳、肯德基、必胜客、哈根达斯、曼联餐吧等快餐店和众多咖啡厅、茶馆等。

同时，春熙路一带还是公认的成都时尚美女最为密集的地带，从太平洋商场到中山广场，从王府井电影城到西南书城，那种美女如云的状态一直被人说成是“三步一个张曼玉，五步一个林青霞”。

毗邻春熙路，还有几条同样著名的街巷：一是大科甲巷，二是青年路，三是东大街，四是青石桥。这几处也都是非常繁华的商业街，有商场商店，有酒店餐馆，把这几条街巷和春熙路一同逛下来就是大半天的事情了。大科甲巷曾经是关押太平天国翼王石达开的地方；青年路曾经是改革开放之初成都人下海经商，贩卖小商品的发祥地；东大街是老成都米铺最多，银行也最多的地方，如今是各种灯具的一条街；青石桥也曾经是成都的海鲜批发市场、花鸟虫鱼市场。

PART 07

成都味儿的闲情别处

PART 07
成都味儿的闲情别处

01 坐茶馆

除了吃，“坐茶馆”必定是在成都晃荡时的另一个重头戏。

首先，得选择一个适心的茶馆，在那种熙熙攘攘中，找一把竹椅子坐下来，跷上个二郎腿，天高地远地出匀一口丹田之气，然后就平心静气地在那里坐它个个把小时再说，直到把茶泡白，你也许可以得到一些可以拿来跟人摆谈的体会。

喝茶是成都人的共同嗜好，所以很多人都晓得“闹市有茶楼，僻巷有茶铺，公园有茶园，犄角旮旯都有间小茶馆”的说法，尤其是到了老街老巷，往往三五步就有一间茶铺可以抬脚就进去。

茶馆多的原因有很多，最主要的是缘于成都的历史和盆地闭塞之故，一些文人说是蜀道夔门阻止了川人的脚步，只好聚集在一起用语言来表达遐想中那些外面世界的精彩。不过，这已经是一些很久远的话题了。现在的茶馆多则是因为人多火重，作为一种匹配，抑或一种分类，客观上需要一些帮助人们释放身心的去处。有外地人不解这个城市的男女老少为何都把茶馆当成一个求热闹、求清净地方。这正是一个开窍与不开窍的地方，成都秉性鲜明，而茶馆便是解读这个城市的一把钥匙。当你在竹椅、方桌、盖碗茶之间找寻功夫所在的时候，老虎灶正在沸腾，堂倌正在以铜壶续水，小商小贩正在清亮吆喝……

据说过去成都人喝茶极讲究舒适，椅子和位置都很重要，茶客进得茶馆，四下一看，首先得选个干净遮阴的地方，往竹椅上一靠，有伙计打着招呼迎上来点茶、冲茶。那功夫是成都一绝，伙计托一大堆茶碗来到桌前，抬手间茶托已滑到每个茶客面前，盖碗被茶托托住，随后伙计一手提壶，一手翻盖，滚水就如一条白线点入茶碗，眼看着就要满溢出来，人家却十分精准地把手臂一收，“啪”的一下，又帮你

盖上茶碗，速度快捷却纹丝不乱，只现出一套优雅的动作，留下让人惊愕的技艺。

还据说，旧时的成都人都喜欢喝茉莉花茶，招待用茶和消费较高的为“三花”，即成都茶叶厂出的三级花茶，在那种有点芬芳的气味中茶的滋味在清香中会散开得很均匀。这就生出一个旁边的想法来，那《好一朵美丽的茉莉花》分明唱的是这地方。现在，最流行的茶牌换成了竹叶青——绿茶、碧潭飘雪——花茶等。

成都茶馆的格局和气氛与其他地方的茶馆比较，很有差别，茶客想躺就躺，想坐就坐，怎么舒服怎么来。茶馆内卖报的、擦鞋的、修脚的、按摩的、掏耳朵的、卖瓜子豆腐脑的，穿梭往来，服务性的项目花样繁多。成都是一个闲散的城市，生活节奏慢许多，一边泡茶馆一边打麻将蔚然成风。于是有人夸张地说，“成都人的日子大约有半数左右是在茶馆里度过的。至于另外一半，多半进了火锅店”。有一本书里介绍说，北方茶馆是高方桌、长条凳、提梁壶泡茶，大家正襟危坐，喝茶总把人弄得劳累味寡；川东一带兴喝老荫茶，一条长木板凳上，各人端着茶碗，纯属喝水解渴歇气；南方的茶馆装潢华丽，多以卖点心为主，是“有座无茶”。只有成都的茶馆“有座、有茶、有趣”。

还有许多外地人仔细研究过，认为成都茶馆的竹椅是人体工程学的光辉成果，那种韧度和扶手的位置完全符合人的关节屈伸舒适。还有一种叫作“马架子”的，比普通的椅子矮点，微斜的靠背可坐可半躺，平平的扶手可扶可倚，坐起来很舒服，高级一点的还有坐垫、靠枕，让你坐下去就不想再起来。

这些话说给成都本地人听时，反倒把他们弄得一时语塞，他们会客气地说：“嘀哟！说哪儿去咯！真莫得那么凶哈。”有人分析：“与其说成都人爱喝茶，不如说成都人爱泡茶馆。泡茶馆似乎已经成为许多成都人的一种生活方式，许多人工作之余的时光，就是在茶馆里度过。”

周作人写过：“喝茶，当于瓦屋低窗下，同二三人共饮，得半日之闲，可抵十年尘梦。成都人深得闲之真味。”还有当地老话说：“春饮宜庭，夏饮宜郊。”这给成都人提供了最充足的理论支持，加上成都这两个季节特别长，尤其是春天，细雨在夜间下了，白天风和日丽，正是喝茶、“打望”的好时光。作为一种心态，到茶馆和远一点的郊外喝茶理所当然地成了安置闲情的好地方。

在一些老式的成都茶馆里，始终会洋溢着喧腾热闹的民间气息，这与江浙的茶馆里所氤氲的清雅之气和与广东那些光上点心不言茶的方式大相径庭。茶馆的摆设、家什到茶客间不大讲尊卑贵贱，只显示着成都人生活的平民化与闲适性。成都的茶馆极富人情味，只要你愿意，一碗茶从清早一直坐到打烊，也绝不会有人逐客。说是过去老茶馆里，如若忘记带钱，伙计也不会给白眼，一句“您慢走，莫得事，二回再给也是一样的”让人感觉温馨无比。

现在茶馆和麻将并列成了成都市的风景线，有闲人统计说，每天至少有20万成都人将自己泡在茶馆和休闲场所里。人们就连擦皮鞋、掏耳朵、舒筋骨、搓麻将、斗地主、谈生意、闷瞌睡、写文章等都要挤到茶馆里去找感觉。正如一副老对联说的：“闹中取静喝杯茶去，忙里偷闲拿杆烟来。”

除了大众化的情趣，在讲究境界的书画文人那里，他们需要以茶熏笔墨，否则毫尖就没有灵气。所以有一些文字就讲茶与禅的关联，说两种东西就像两种最不需要语言的生命精华，用平常心静静地品味茶的清香：清清明明，不多取，亦不多舍，以管好自家事情为准则。当禅院、香炉、树荫、阳光、瓷碗、花茶在功名利禄间穿梭来往，当从容、恬淡、思念、深远、哲理、内涵在炎凉荣辱中沉沉浮浮时，为你提供一份淡泊宁静的，正是眼前这茶禅一味的氛围与心境。浮生如斯，光阴荏苒，每每人问禅于何处，往往只在一杯淡饮之中。

由此，也生出许多好听的茶馆名字来，譬如花间，譬如听香……

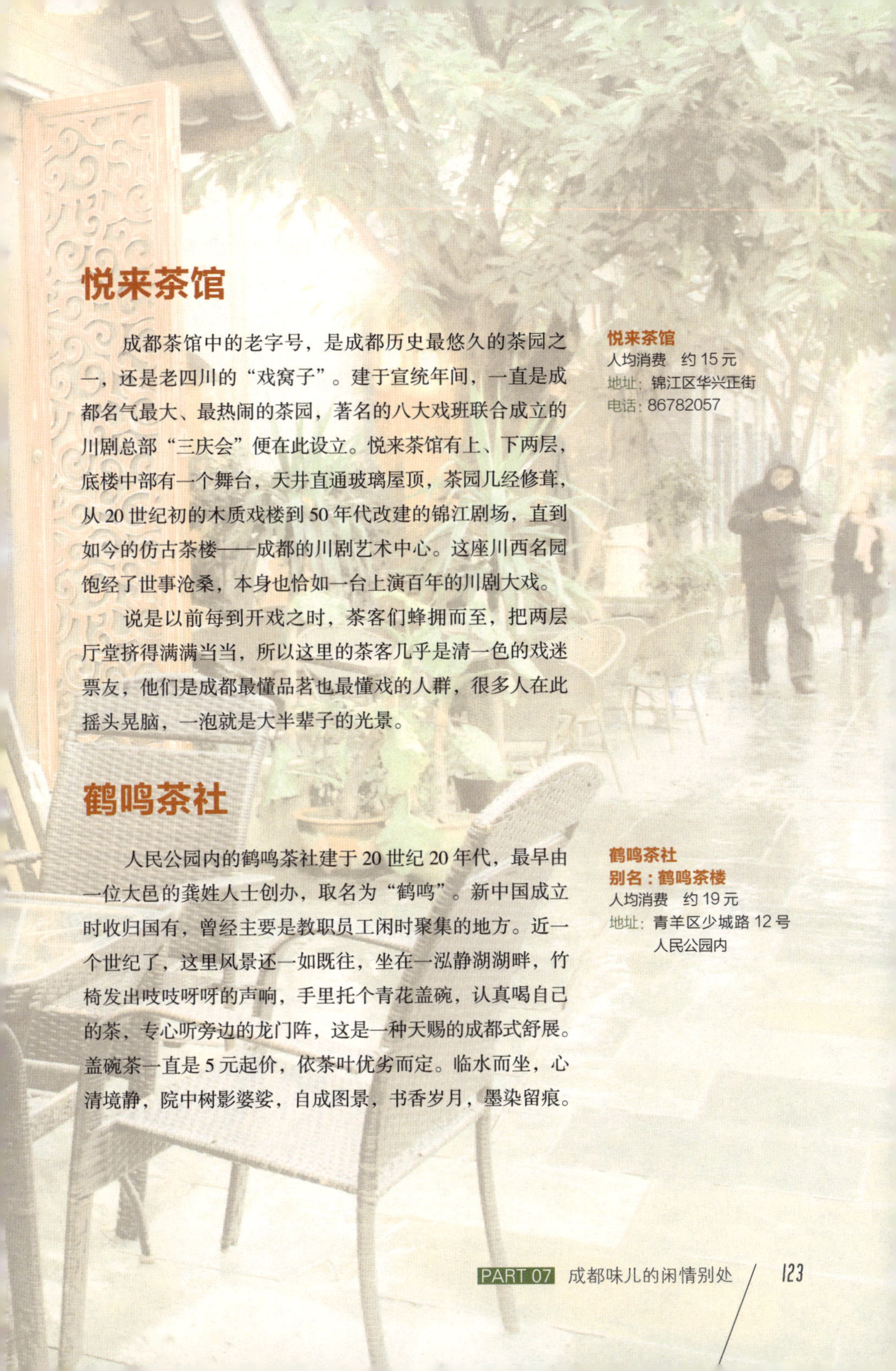

悦来茶馆

成都茶馆中的老字号，是成都历史最悠久的茶园之一，还是老四川的“戏窝子”。建于宣统年间，一直是成都名气最大、最热闹的茶园，著名的八大戏班联合成立的川剧总部“三庆会”便在此设立。悦来茶馆有上、下两层，底楼中部有一个舞台，天井直通玻璃屋顶，茶园几经修葺，从20世纪初的木质戏楼到50年代改建的锦江剧场，直到如今的仿古茶楼——成都的川剧艺术中心。这座川西名园饱经了世事沧桑，本身也恰如一台上演百年的川剧大戏。

说是以前每到开戏之时，茶客们蜂拥而至，把两层厅堂挤得满满当当，所以这里的茶客几乎是清一色的戏迷票友，他们是成都最懂品茗也最懂戏的人群，很多人在此摇头晃脑，一泡就是大半辈子的光景。

悦来茶馆
人均消费　约15元
地址：锦江区华兴正街
电话：86782057

鹤鸣茶社

人民公园内的鹤鸣茶社建于20世纪20年代，最早由一位大邑的龚姓人士创办，取名为“鹤鸣”。新中国成立时收归国有，曾经主要是教职员工闲时聚集的地方。近一个世纪了，这里风景还一如既往，坐在一泓静湖湖畔，竹椅发出吱吱呀呀的声响，手里托个青花盖碗，认真喝自己的茶，专心听旁边的龙门阵，这是一种天赐的成都式舒展。盖碗茶一直是5元起价，依茶叶优劣而定。临水而坐，心清境静，院中树影婆娑，自成图景，书香岁月，墨染留痕。

鹤鸣茶社
别名：鹤鸣茶楼
人均消费　约19元
地址：青羊区少城路12号
人民公园内

顺兴老茶馆
人均消费　约 86 元
国展店分店
地址：金牛区沙湾路 258 号国际会展中心 3 楼
电话：87693202

文殊院庙中茶馆（暂停营业）
人均消费　约 10 元
地址：青羊区文殊院街 15 号文殊院内

顺兴老茶馆

位于金牛区沙湾路 258 号国际会展中心 3 楼，是用传统元素经过现代包装的“老”茶馆。在这里喝茶不是坐竹椅，而是坐有两个直角的太师椅，虽然有些正襟危坐，倒也能够体会些过去烟杆大爷们老态龙钟的感觉。环境是完全民国时期的氛围，光线也有些昏暗。饮食间会忽然一阵川剧锣鼓声传来，然后在旧戏台上还真会演出些旧的戏段来，变脸、吐火、吹顶灯等绝活表演常引得台下一阵阵地叫好。

名为“老茶馆”，实则是今人做出来的旧。进一趟这家茶馆差不多就领略完川西民风民俗和建筑艺术的神韵，一道长百米的浮雕墙再现了临江古镇景观、市井院落和老茶馆的风俗风貌，堪称“西蜀《清明上河图》”。

这里还是一个茶食处，一叫一大桌的成都小吃既简单又精致，其间再看看川剧绝活的折子戏，读读周围的碑刻、字画，彻底让自己回到了百十年前。

文殊院茶馆

若赶上阴历初一或者十五，便有数以百计的老茶客围坐在文殊院的大树下喝茶，在佛院古寺里安坐，只求一种古朴，以及佛教文化的熏染。还是木桌、竹椅、三件套的盖碗茶，铜壶老远就伸来将你的茶碗倒满开水，真正的禅意便在那似闹非静的心境之中。地址：文殊院街 15 号文殊院内。

百花潭公园茶园

成都有些地名听上去很好听，细问才晓得，凡是好听的，必然有其绵长的文化历史。百花潭公园便是一个古诗词中经常提到的地方，按照旧时的划分，它属于锦江浣花溪畔的一处，柳树枝梢在头顶飘摇，茶桌竹椅就定在锦江河畔的公园茶院，茶水只是个陪伴，而让人能够平心静气地在那里发一个下午的呆才是它给予人们的最舒坦的地方。百花潭公园是个让人放得开呼吸的地方，所以在那里的露天茶园喝茶就是与河水一起唱和，就是跟芙蓉与绿草同香。一边品茶，一边眺望隔江的散花楼，心际能连到诗文华章的久远。地址：一环路西二段 175 号。

百花潭公园茶园
人均消费　约 15 元
地址：青羊区一环路西二段 175 号

望江公园竹林茶馆

城东九眼桥处有一座望江楼，这里是成都锦江出城东去的地方，望江公园得名于这座望江楼，公园以竹林繁茂为特色，又与有一百多年历史的四川大学仅一墙之隔，所以文气颇重。园内有两百多个品种的竹林，在竹林掩映下开有许多茶园。还因公园是古代成都才女薛涛的故地，有诗人的诸多遗迹，若在此坐拥竹林，以清茶凝神，自然会生出许多文气豪情来。地址：望江路 300 号九眼桥锦江南岸。

此外，在武侯祠、杜甫草堂等处，也有许多风景茶园，据说都是“坐得住”的地方。

望江公园竹林茶馆
人均消费　约 15 元
地址：武侯区望江路 300 号九眼桥锦江南岸
电话：85223389

02 泡吧

兰桂坊酒廊

兰桂坊水井街店
地址：水井街 1 号
电话：028-65503399

兰桂坊玉林店
地址：武侯区玉林南路 15 号玉林生活广场 3 楼
电话：028-85536969

兰桂坊啤酒馆
地址：少城路 15 号
电话：86263626

与坐茶馆不同，成都九眼桥的沿河酒吧一条街却是另外一番景象。因为毗邻四川大学，所以时尚文化在这里较为泛滥，超乎许多人特别是本地人的想象的是，这里竟然是成都夜晚最热闹的地方之一。

不管什么时候，所有的店都是满满当当的，驻场歌手从午夜开始轮番上场，每位都是一顶一的高手，在这里人们才会明白为什么全国的超女快男都多出于成都。

酒吧一家挨着一家，脚下便是著名的锦江河水，坐在树荫下面的藤椅上，啤酒瓶映着河对面的流光溢彩，以后的时间里，生活和工作的压力不再令人烦恼。

远处是成都最豪华的大酒店——香格里拉，旁边是成都著名的水上景观——廊桥，再往前是成都皇后级的酒廊——兰桂坊，遥望它们，每个人都能够猜得出它们的消费水平有多高。据说这是个令屌丝们默许心愿的地方，也是很多人念旧找寻从前的地方，它总会让人心里滋生些惆怅和温情的不舍。

成都给人的感觉跟上海很是相像，所以晚上要是不出来泡泡吧喝喝酒就不符合这个城市的生活节奏。因此，在百花潭附近的芳邻路上，有几十家风格各异的主题酒吧，这条兴起十年左右的酒吧一条街已经成为成都成功和向往成功的人士夜晚的常来常往之地。

良木缘

是成都一家主营咖啡和西餐的咖啡馆，给人感觉这里更像是一处成都的茶馆，正是由于它把成都的休闲直接融入了咖啡和西餐的经营中。良木缘的名字清新自然，由《诗经》中“良禽择木而栖，良将择主而侍”而来，新加坡专业咖啡豆烘焙背景，在全国主要城市有 50 家直营店和特许加盟连锁店，以“细节体现成功”为特色。大到其礼貌用语，小到夹放各类物品的夹子分类，甚至倒水的身体姿态和上餐的动作举止都细致到苛刻的程度，为顾客营造了一个与成都茶馆相对应的温馨优雅空间，因而成为人们的重要休闲去处。

8 又 1/2 水吧

是一家非主流的电影主题吧，爱好电影的青年老板开始把电影作为店的主题，经常放映一些纪录片，再后来开始放映独立电影、电影爱好者拍摄的电影短片，使水吧在这个圈子里变得小有名气。常在那里晃荡的人都很有主人翁感，他们强调这只是一个主题吧。老板还在其他地方重开两店，一家在三圣乡红砂村二组，一家在四川音乐学院新都校区川音小区。不可以小看这些地方，它们有可能

良木缘咖啡西餐
人均消费　约 43 元

春熙店分店
地址：锦江区上东大街 6 号春南商场 2 楼
电话：86652866

新城市广场店分店
地址：青羊区西大街 1 号新城市广场 3 楼
电话：86270199

科华店分店

第五大道店分店
地址：成华区建设路第五大道
电话：84369858

蓝色加勒比店分店
地址：武侯区科华北路 143 号蓝色加勒比广场 201-202
电话：86384700

芳草街店分店
地址：武侯区一环路南三段芳草街 6 号王府花园商业广场内
电话：85133890

正科甲巷店分店
地址：锦江区正科甲巷锦华馆 16 号 2 楼
电话：86659989

铂金城店分店
地址：青羊区青龙街 27 号铂金城购物广场 3 楼
电话：86282868

时代店分店
地址：锦江区东大街 188 号时代华章广场内
电话：86662858

8 又 1/2 水吧
人均消费　约 40 元
地址：锦江区水碾河南三街 37 号 u37 创意文化园区
电话：13881967969

成为未来电影大师们事业展开的第一站。

喜欢音乐的人在成都就应该去九眼桥、老南门大桥和“耍都”一带，人们沉溺在紫荆、少陵路、玉林的夜店的音乐里，要不就在宽窄巷子和锦里玩弄些小资欢悦，剩下一些要么混迹各类风格中，要么小众聚集，组建非主流根据地，也会往串串摊前一坐，扯起嗓子喊：“老板！再来两瓶唯 E 豆奶。”

而多数户外玩家则自动聚集在小通巷等地，午夜时分，他们拥挤地坐在那些名字很好听的店内，一堆又一堆的年轻人用香烟和啤酒标志他们自己的成熟和潇洒走一回的气质，彼此以京普、台普、川普等典型汉语，会同英语、法语、意大利语等窃窃私语，路人透过灯火通明的大窗户，可以想象他们谈的东西应该是登山、旅行，或者是文学、哲理、名人的癖好与踪迹吧。

本图摄影主题酒吧

成都人惯于玩某种主题式的聚落，无论怎样的主题，必定都是文化得不行的那样，因此有 20 多位四川著名的摄影师和专业探险人士合盟选址在当年巴金家族老宅门前的双眼井旁开了一个叫作本图的主题酒吧，如今有关方面的玩家们又开始往这个方向拥挤了。

正因为是户外人士的聚会窝子，所以这里的驿站气息很浓厚，随时都有一身丛林披挂的人在这里出入。他们风霜扑面，笑容真实，因为还有很长的路要走，所以他们乐意在酒吧逗留时把经历拿来与人分享，在龙舌兰酒的醇味边，他们眯着眼睛，舔一舔虎口上的盐粒，呷一口酒，述说或者倾听，纵然醉去，也是一夜美好。

地址：青羊区正通街 130 号，有小吃、啤酒、红酒、鸡尾酒、长岛冰茶、coffee latte、血腥玛丽等。这家摄影主题酒吧还收藏有一件重要文物，是从当年的摄影师在重庆为蒋介石照标准相的架式相机。

PART 07
成都味儿的闲情别处

书店书屋 / 03

书店书屋总会是晃荡人士的常来常往之地。在成都，必须要去看看的书店书屋类型十分多样。

首先，比书店更加便于阅读的地方是成都市图书馆，位置在距天府广场不远的地方，虽然就地盘来说有些局促，比不得 15 公里外的双流县的图书馆那么体量恢弘、功能周全，但这里是市区中心，就阅读本身来说还是呈现了书家之爱的那种舒适温馨。

其次，新华文轩、春熙路的西南书城和武侯祠旁边的成都购书中心，为人们提供了选购图书的最好环境，不去看看一定是自己的遗憾。

最后，还有一些比较可心的小微书屋，如成华区建设北路三段“龙湖天街三千集购物广场”里的西西弗书店，这个号称“有矢量咖啡的地方，就有西西弗”的特色书屋被年轻人“莫名”地青睐着，来成都的小清新旅人大老远也会专门去浏览一下，据说这原是个贵州的文化品牌，被评价为相当于海南的天涯海角、甘肃的敦煌、成都的麻将、上海的清口、天津的相声、河北的梆子、河南的豫剧、陕西的秦腔……

成都市图书馆
地址：成都市青羊区文翁路 98 号

新华书店
地址：武侯区武侯祠大街 266 号华达商城内
电话：85596333

新华文轩书店
地址：锦江区春熙路南段 9 号

成都购书中心
地址：武侯区武侯祠大街 266 号华达商城内

西西弗书店
地址：成华区建设北路三段 6 号三千集购物广场 B1 楼 7 号
电话：65466626
群光店分店
地址：锦江区春熙路南段 8 号群光广场 B2 楼
电话：86939967
万象城店分店
地址：成华区双庆路 8 号华润万象城 4 楼

※ 特别推荐　散花书屋（别名：见山书院）

散花书屋
地址：青羊区窄巷子 19 号附 2 号

虽然成都历史上的文人墨客集聚地——散花楼早已在风烟战火中被焚毁，但是后人还是希望文脉续存不散。宽窄巷子里有一个名副其实的书香门第，便取了散花楼之意为自家店名。书屋古朴，居商街中央要道，所以游人路过必去一览。架上多是旅游类和人文类书籍，书屋主人经常招呼些来自全国各地的文化名流到院中雅集，沙龙活动不断，虽时而喧闹，倒也多了些书卷气息。独坐院落，有庭院深处传来的悠扬古琴声，爬上阁楼后恣意手谈，或是凭窗临风，一任思绪遨游天地，恰是喧然闹市中一个静思独悟的天地，书香琴韵、茶韵人文，天人合一。

其实，不太为人知地，在这个书香满溢的地方，主人廖云女士还为客人准备着散发艺术气质的餐食，不要怀疑这是否会冲淡了书卷的感觉，因为这些餐食就是艺术品。

大象书屋

在玉林芳沁街小酒馆新店的拐角处，便是所谓的大象。作为一家特色书屋，它带给人许多童话般的想象，也许真正的无形才是他们的文化追求。不过，在他们的想法里，却是许多的有形：院子、房间和绘出的海洋……可以教小孩画画，可以办摄影展，可以看电影，可以逗猫玩狗，可以晒太阳，可以做好吃的，还可以喝酒到天亮。虽然这个梦想还没有按照理想建造完整，但是大象确实成为一个全新的地方。大象是柔软的，大象有许多同趣朋友。

牛奶书铺

一个小得不能够再小的书铺，设于成都小通巷 4 号四号工厂国际青年旅舍 1 楼的咖啡座之间的小方桌上，却高调地宣称：牛奶和书，不一样的营养！

去牛奶书铺不必专程，只需顺便，它是浏览型的概念书屋，你宁愿相信它在做着某种主张，而并不是要你一定出手购买，因为那里的书竟然是老板平时喜欢读的书，他们用一种富有营养的奶白来看待你的心境是否与他们的口味纯度相同。另外，在那里还会定期推出一些自己设计制作的明信片和海报。

那是一个听不到声音的精神厨房。

牛奶书铺
地址：青羊区中同仁路小通巷 4 号四号工厂青年旅舍 1 楼
电话：13208101514

04 / 古玩城

市内最大规模的古玩艺术城坐落在成都西一环路到二环路之间的浣花文化风景区内的送仙桥，这里是成都闻名遐迩的历史文化地带，与杜甫草堂、青羊宫、浣花溪公园毗邻。送仙桥被列为成都城市黄金旅游线的重要景点，四川省旅游大会也把送仙桥列为成都旅游发展规划的第五张名片。全国工商联也评选这里为“中国十大古玩城”。作为全国第二大古玩市场，送仙桥在海内外享有盛誉。这个市场汇集了千余户商家，每年吸引大批古玩商及收藏爱好者，市场交易十分活跃。

听曲看戏 / 05

作为一个文化之都，成都每晚自然有一些传统戏曲在演出，主要有琴台路文化公园内的《蜀风雅韵》，有王府井商场背后锦江剧场的《芙蓉国粹》，有城西金沙公园的音乐剧《金沙》，在锦里和宽窄巷子，以及新国际会展中心，有地方折子戏川味绝活及小品表演，并有一些小型的主题歌会演出。水碾河成都艺术中心和锦城艺术宫、四川省体育馆等不时有一些大型的文艺演出。

比较有特色的是在城南玉林小区玉林路的“小酒馆”，那里经常有顶级摇滚歌手的表演。这个创建于 1997 年年初的小酒吧，在中国另类艺术圈里是一个非常有名的艺术沙龙，同时它也是一个独立唱片厂、一个文化公司、一个原创摇滚的大本营，更是一个十几年来不曾间断的周末先锋摇滚场。小酒馆现在已有好几处分店：玉林店、芳沁店、荷塘店。

这些都应该算是成都文化坐标上的趣味景点。

小酒馆

玉林店

地址：玉林西路 55 号

电话：028-85568552

芳沁店

地址：永丰路 47 号丰尚玉林商务港 1 楼

电话：028-85158790

荷塘店

地址：三圣乡荷塘月色万兴桥璜柏路百亩荷塘中

电话：13980797648

锦里
茶

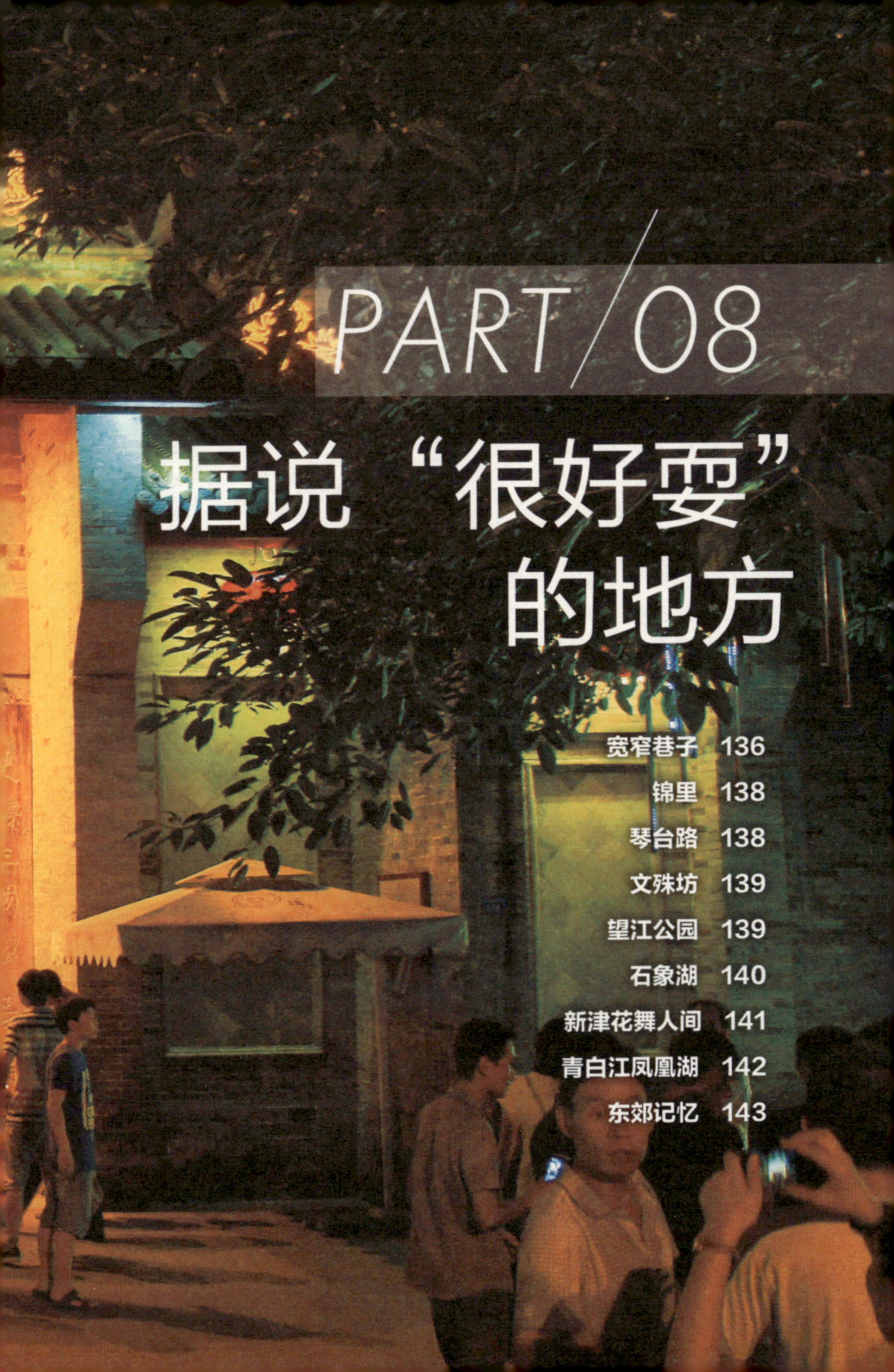

PART 08

据说“很好耍”的地方

一般来讲，一个城市的休闲场所多是公园，而成都现如今的公园多成了当地老年人的健身活动场所，就玩耍来说已经没有什么意思。这里所说的“好耍的地方”是起码得花半天以上时间去玩的那些地方，它们是成都的闲趣之旅上的主要点位。

宽窄巷子

宽巷子是成都遗留下来的较成规模的清朝古街巷，宽巷子、窄巷子和井巷子三条老街及四合院群落组成一个经典的老成都市井文化区。

这里完全体现着从前和当代成都人的生活精神，散漫而热闹，以民俗博览、会所餐饮、宅院酒店、娱乐休闲等业态的情景消费为特色，以当代的理解把具有千年历史的少城和满城文化经典展现出来，成为一处城市怀旧的游憩地。

在清宣统年间，宽巷子驻扎着八旗军的镶红旗部，辛亥革命以后叫“兴仁胡同”，民国后期改名为“宽巷子”。如今的宽巷子是老成都生活的再现，几十家馆驿式的美食会所，既神秘又亲切，在那些挂匾的四合院中品盖碗茶，吃上一回正宗的川菜，既入眼又入味。在宽窄巷子溜达几圈，便是对于老成都的亲切温习。华灯初上时，这里展开了成都最温馨的曼妙夜晚，充满古往今来滋味的成都风华于此缓慢停驻，完全是过节的感觉，所以这里是最值得多次晃荡的地方。

作为老成都遗留下来的较成规模的古街道，这里与大慈寺、文殊院并称为成都三大

历史文化名城保护街区。2003 年，成都市宽窄巷子历史文化片区主体改造工程确立，在保护老成都原真建筑的基础上，形成以旅游、休闲为主，具有鲜明地域特色和浓郁巴蜀文化氛围的复合型文化商业街，2008 年打造成了现在这个“老成都的底片，新城市的客厅”。

连香港的媒体也认真地评述道：“……草根性的宽窄巷子与超五星的宅院酒店，处于极端的两极就这样被重建在一起。”

宽巷子：一个有着老脸庞的怀旧地带

因为宽巷子叫着顺口，所以它始终给人一种大名鼎鼎的感觉，其实这里说宽却不甚宽，也没有想象中那样长，从巷口走去，泡桐树荫掩映着二十多家特色院落，它们的门口多半都还有着老街留下来的脸面，食府和特色商店一家挨着一家地排列在这里，看得出，这里很怀旧，是整个宽窄巷子街区最热闹的地方。

在这里，脚踏着溜光的青石大地，心却会背负起关于一个城市的文化记忆，在这里

不摸一摸老门头下的青砖，就不明白自己来游此地的目的；在这里，不找个地方在竹椅子上坐一坐，不架个势地点一杯盖碗茶，不忘记时间地泡它一个下午或者一个晚上，成都的某种特别滋味为何物你就完全搞不大清楚。所以，这里自 2008 年开街起就始终在人们的严密关注之下，进而也就更加热闹一些。

大凡认为自己是个文化人的，在这里溜达一圈后总要写些博文贴到网上去解解闷。这倒是乐坏了经营这些院落的老板，他们很多都是成都文化堂口的袍哥袍姐，在这里做生意，真是既找了感觉，又进了银子。

窄巷子：一条小资最爱的情调延长线

窄巷子多有清末民初的建筑，其中还有一些教会留下的西洋风格建筑。

如今，时尚品牌把窄巷子继续熏陶成风味和情调各异，精致与格调相竞的品位街区。跟宽巷子一样，这里也有二十几家很有意思的院子，只是偏向走西餐、咖啡和艺术休闲的路线，所有的商铺都充满了中西合璧的特色。青砖灰瓦之下，看上去显得很古典的四合院内，一杯醇香的茶或者咖啡，融散着小资们最爱驻停的那种温馨情调。

在这里，看艺术家做出的朦胧，连一碗小面也体现着形而上的学问；在这里，咖啡的味道其实是对一截时光的唯美理解。空气里飘着些图画的语言，当中有西洋的哲学和东方的玄道，深邃而肤浅，感觉全在于毫无道理的一瞬之间，由此情浓而语淡，臆想便撒在店家无处不在的创意中间。

井巷子：一处市井老成都的情景再现

井巷子紧邻窄巷子南面，清代名为如意胡同，或明德胡同。辛亥革命后改名“井巷子”。改造后的井巷子在剩下的半边街上，在街的另外一面建了一道 500 米长的历代砖文化墙和 500 米长的民俗留影墙，而在留下的一边，有十几家店有特色各具的院子，经营着趣味横生的大众口味饮食，被认为是市井老成都的情景再现。

在民俗留影墙上有一些老成都的表情，它用过去的照片喷绘成巨幅，再用雕塑做成有实物感的浮雕墙面，让过路的人能够看到过去成都人杂院堆藏、天井搓牌、院前喝茶、街沿斗鸟、雨天卖菜、当门刨饭的生活场景。

作为著名的宽窄巷子中一个完全合理的组成，井巷子的大名是在人们的顺口中不经意被省略掉的，这并不说明它不重要，反而让人们要在这里多问出些问题来，在此我们可以让你知道，井巷子所具有的品质与前面两条巷子有着同样的历史分量，它如今半边街的模样更加表明了它的沧桑。在有商铺的一边，它们是所有宽窄巷子中排列的延续，同样精致畅心的庭院，同样人声鼎沸，熙来攘往的街市。

在这里闲逛，有一种感觉叫作“没人觉得这里不属于自己，也没人觉得自己不属于这里”。

锦里

古色古香的店铺，人头攒动的长街，锦里就这样曲曲折折地倚靠在大名鼎鼎的成都武侯祠旁边，一大早就开门迎客，直至深夜。

有关锦里，成都流行着许多传说，不过，最规范的是在《华阳国志·蜀志》的记载里，那上面说："……州夺郡文学为州学，郡更于夷里桥南岸道东边起起文学，有女墙，其道西城，故锦宫也。锦工织锦，濯其中则鲜明，他江则不好，故命曰锦里也。"如此说来，锦里并不是一个图好听而随便起的俗名，而是有着真正历史由来的官称。它的标准说法是：唐代以来朝廷在成都设的一个官办织锦的加工区，专门为朝廷织造御用的锦缎用品。

现在的锦里并不是那时的锦里，而是根据历史典故，由成都武侯祠博物馆将馆旁边的一条老街按照清末民初建筑风格"打造"出来的著名步行商业街，号称"西蜀第一街"。

锦里街市繁荣，是老成都集市的情景再现，五尺宽的街面，方便游客左右顾盼，每一处好看的好吃的都不会被放过，有卖茶叶、灯笼、蚕丝被、小工艺品等土特产的小铺，有张飞牛肉、汤麻饼、久久鸭脖、三大炮、牛肉豆花、三合泥、糖油果子、撒尿牛丸、臭豆腐、油茶、牛肉焦饼、酸辣肥肠粉、荞麦面、钵钵鸡等特色小吃。几乎不分周末和节假日，天天都人山人海，游客不断。

琴台路

琴台路是专门为纪念西汉时期因琴瑟相识的传奇爱情人物卓文君与司马相如而命名的，卓文君与司马相如从临邛私奔到成都后，曾经在这里开了一家酒铺，卓文君亲自当垆卖酒。司马相如与酒店的伙计一样身着短脚裤，提壶洗碗干杂活，虽然生活清苦，但两人却幸福美满，丝毫不为世俗所累。

如今的琴台路以汉唐仿古建筑群为依托，是成都市的珠宝一条街。放眼看去，珠宝楼铺在这里荟萃遍布，到处金碧辉煌，珠玉满堂。此外，还有皇城老妈、狮子楼等著名高档餐饮店，有百花世家酒店和成都老号书画馆——诗婢家等，路口一端有一巨坊，另外一端是百花潭公园。琴台路靠近宽窄巷子和青羊宫、杜甫草堂等知名的旅游景点，是一处让人仿佛回到成都旧时光的游览街区。

文殊坊

城北文殊坊，是成都市区一处著名的佛教寺院，那是许多成都市民大年初一烧第一把香的圣地。因为人气鼎旺，近年来在附近打造了一片仿古街市，这是一条集旅游观光、餐饮美食、特色购物、古玩字画交易、养生康体、娱乐演出于一体，体现老成都风貌的商业街。这是一个可边走边看，边看边吃的好地方，其风貌和格调，以及消费水平均与锦里和宽、窄巷子相似。

望江公园

因为有著名的望江楼和薛涛墓，望江公园成为城东江边一处很有特点的公园。

成都才女薛涛是中国历史上因为才华卓著，而被官方命为“唐女校书”称谓的民间女子，按照今天的说法，类似政府的女秘书，她一生爱竹，写过以“虚心能自持”、“苍苍劲节奇”为主题的情诗。所以，后人在其墓园周围遍栽各类佳竹，共荟萃了200多个品种的竹，其中不乏名贵竹种。园内竹子姿态万千，有粉箪竹、人面竹、佛肚竹、鸡爪竹等，各呈姿态，又和谐相处，或互抱成丛，或交织成廊。现在，这里是全国竹子品种最多的专类公园。园林景区极为清幽，是人们余暇时的一个安静去处。

石象湖

一个绝佳的自然生态湖，在距成都90公里的蒲江县境内，湖区因有古刹石象寺而得名，相传是三国大将严颜骑象升天之地。湖面如镜，秀木叠翠，森林浓荫，空气质量常年优于一级，犹如成都平原上的一块翡翠。

石象湖生态风景区是万亩生态园区的发展中心，景区内二龙戏珠、福从天降、古琴台、碧园赏春、古象山书院等十六景集中展示了石象湖的自然、人文景观，水绿、花香、人少、鸟多是这里的特点，作为都市人向往的生态、休闲旅游的绝佳去处，它本身就是一片净土，这里的清晨如梦境般美妙，湖面上烟波缭绕，森林倒映在湖中绿影层层，亲临者尽享身心愉悦。每到5月，万株盛开的郁金香将湖畔的漫山遍野装扮成一片花海，不到那里就不知道何为大美。

新津花舞人间

成都以南40公里便是著名诗句“风烟望五津”的所在地——新津，一座纯粹人工打造的观光农业主题公园——花舞人间展现在眼前。这座千亩花园顺着山势，展示了很有条理的自然农业理念，它将水渠巧妙地在各个坡度层次上，极为花式地展开，让人直观地看到水利的功效。园区内观光旅游、休闲娱乐设施多，多以生态环保为主题，有大面积的花卉、草坪、树林、湖泊，形成了乔灌相拥、流水不断、四季花开、湖水荡漾、山水交融、情景合一的现代化生态风貌。

花舞人间的另一个特色是有100多个品种、500多万株的杜鹃花。这也许是开发商的偏爱，他们列出数据说，全世界有850多种杜鹃花，中国有650多种，中国西南的杜鹃花占全世界品种的40%，那么这里无疑就是世界最大的杜鹃花基地了。经过近20年培育，这里有全球唯一“杜鹃花树”、“镂空杜鹃花柱”，以及荣获大世界基尼斯之最达到4.79米高的“高杆杜鹃”。在通往山道的两旁，是几步一簇的“杜鹃花瓶”造型树，这便是开发商有关“花舞人间”的美丽实现。

青白江凤凰湖

这是在成都东北方向30公里的青白江区地域内，一个近年来经人工打造的生态湿地，已成为一个著名的景色迷人的旅游度假区。

成都自古以来善于利用自然，改造自然，所以近年来在开发旅游过程中，也多有这样传统的一大批活水水景公园。人们认为这对于改善和美化当地环境作用不小，为野生动物的栖息和繁衍提供了适宜的环境，所以很快形成了以候鸟、水生动物和植物相互依存的生态环境，生物链条在开发旅游的同时被进一步串联和更加丰富完善，还大大地提高了区域植被的覆盖指数、水网密度指数和生物丰度指数，有效地改善了生态环境质量。

东郊记忆

成都东区音乐公园在成华区二环路东二段外侧建设南支路上，是由成都传媒集团牵头打造的一处成都文化创意产业公园，它的妙处在于利用了一个18万平方米的工业厂房旧址，在保留其大型工厂建筑原型的基础上，改建成为一个以音乐互动体验和数字音乐为特色的产业聚集园区。

这个前身叫作成都红光电子管厂的“厂区”里，原型还在，记忆却转化成了一种具有观赏性的文化；被刷上了红、灰漆色的整洁的车间之间，很艺术地分布了音乐公园的商务办公、演艺与展览、音乐培训、音乐主题零售、酒吧娱乐、设计酒店和文化餐饮，这是目前中国唯一的一个数字音乐公园。

在这样的环境里散步，对于每个人来讲都是一种艺术的行为，你可能被别人拍到镜头里去，当然你也能把别人和那种冲突很强烈的背景留在你的相片里。在那里面，感触每个具体的音乐演艺、创意零售、视听娱乐、创意设计，体验那些很有文化性的餐饮和酒吧，你会觉得一切都是精彩在流淌。

PART 09

凑一凑 成都人的热闹

仔细观察成都人的生活，发现他们总会将闲适进行放大，除了初一、十五烧香磕头的香客外，更多的人更喜欢挨个去赶那些分散于四乡八里的热闹场合，凡事都图个“好耍”。

从一月起，他们赶完庙会赶花会，乐此不疲地奔走在各个节会上。四季交替，到处都有过不完的节，每天都显得丰富而有趣。就是平时没有节会时，也基本不让自己闲着：有个坝坝就跳舞、驾车玩遍农家乐、支张桌子打麻将、百花丛中斗地主、河边喝茶掏耳朵……

成都灯会

时间：正月初一到正月十五

成都灯会是从汉代“上元赏灯”习俗中保留下来的一种地方传统民俗活动，已经有1800多年的历史。灯会期间人们兴高采烈地全家一起到公园去看热闹，看那些根据神话传说扎成的彩灯，欣赏和竞猜写在走马灯上的那些趣味谜语，然后再乐乐呵呵地吃各种小吃，过节的气氛总是会延续很久。

在成都，看灯会才算是真正的过年。在文化公园和塔子山公园，还有武侯祠、锦里一带的公园内热闹非凡，有民间曲艺、杂技表演，还有各种地方风味小吃。近年，灯会又渐变为成都大庙会，从初一过到十五，天天都是人山人海。

黄龙溪火龙节

时间：正月初二至正月十五

双流县黄龙溪古镇的火龙灯舞源远流长，起源于南宋时期。活动期间，有烧火龙、舞彩龙表演，有漂河灯、燃放孔明灯、燃放烟花爆竹、听川剧座唱等活动。

舞火龙时，20多个精壮汉子赤膊上阵，擎一条30米长龙，穿梭在周围的喷火筒组成的方阵之中，更配有川剧锣鼓的鼓点阵阵，惊心动魄。

成都花会

时间：农历二月

成都花会始于唐宋，传说道教始祖李老君的生日是农历的二月十五，故唐代以来，民间在此时举办一年一度的庙会。又因成都的二月正是天气晴和、大地回春、百花盛开的宜人季节，在成都人的习俗中，二月十五日是百花的生日，因此每年二月都在这里举办花会，相传最早的花会地址就在成都西门外的青羊宫。每到农历二月，青羊宫隔壁的成都文化公园会把各种名贵花卉、家栽盆花、盆景等运来供人们观赏。同时，成都的笔墨书画也会在此竞相亮相，是一个雅俗同赏的集会。

春台会

时间：早春二月至清明

春台会也是庙会的另一种叫法，在成都农村的场镇上，至今还保留着这个传统的农事节气。传说出自清康熙年间兴起的劝农大会。

各地春台会一般都要举办好几天，逢时男女老少会从四乡八里结伴而来，到市集上购买种子化肥、牲口农具，观看各种文艺活动，遍尝各种街头小吃。有的地方的春台会庙会色彩很浓厚，人们安排了放五猖、城隍出巡、城隍赏贫、城隍回殿等热闹节目，并在河边搭台唱戏娱神。来自各地的商人们就利用这个时间在河坝上摆起货摊，除了农具之外，还有玉器珠宝、麻油米面、绫罗绸缎等各色物品。

成都国际桃花节

时间：公历3月中下旬

春来花开时，龙泉山因为满山遍野的桃树吸引了上百万人竞相来此踏春，桃花盛会也应运而生。桃花会期间，最有特色的是花农们在桃林中开办的家庭农家乐，游人在林间花中饮茶赏景、娱乐消闲，吃可口的农村乡土风味餐，别有一番情趣。

桃花节正是在大众赏花的基础上发展起来的一个地方特色节庆，一般在3月中旬，根据花期约为半个月。花开时分的一两周里，整个交通就变得水泄不通。尽管如此，还是阻挡不了人们的热情，几乎所有的人都会前往观赏。桃花节期间，除了大型文艺演出外，还有花展、招商引资洽谈会、水龙节等活动。

天彭牡丹会

时间：公历4月初至5月中旬

成都西北部的彭州市，古称天彭，是西南地区最大的牡丹花培育基地。彭州沿袭了唐宋以来的民俗，于每年四五月举办牡丹盛会。牡丹会期间，除展销名贵牡丹花卉、游丹景山之外，还举办富有地方民俗特色的文化娱乐活动、土特产品展销会等。

都江堰放水节

时间：清明节

都江堰水利工程是成都平原的生命之源，因此每年春耕前的隆重的堰口仿古放水活动被当地居民历来视为神圣的节日。活动当日一大早，人们便着古装带古器，笙歌号鸣，抬着全猪全羊来到都江堰边鱼嘴分水处，由扮演的水利官员诵读祭文，歌颂李冰二王父子的功德，然后由一队装扮成古老水工举斧砍断拦水的木架——马槎，以示放水仪式圆满完毕。这样的祭祀仪式已经有千百年的历史，它是人们对大自然的崇敬之礼，也是祈望年丰大顺的虔诚祝愿。

与放水节相对应的还有都江堰的岁修，同样是川西农事中的重要活动，人们按照先贤总结的“深淘滩、低作堰”的堰体维护原则，遵照清理淤积至卧铁的技术标准，保证堰口主体处于正常的功能状态。因此，到都江堰参观最好能够赶上这两个时间，这样你会对古堰的水利原理和历史有更加多的认识。

新津龙舟会

时间：端午节

新津县的南河是一条水面宽阔的河流，它以五河相汇的地理条件，以及古来历代文章诗歌赞美的“风烟五津”优势，使这里的端午节祭祀活动——龙舟盛会办得红红火火。新津龙舟会的规模和影响全川闻名，近年除龙舟竞渡等传统节目外，还增加了龙舟造型表演和彩船夜游等活动，同样引得成都人纷纷前往观看。

新都桂花会

时间：中秋节前后

新都的桂湖除了有满池清香肥硕的荷花，还有很多的桂花树，每到八月又是桂子灿烂迎风飘香时，也正是人们游园赏桂、参观文物书画的时候，城内同时举办物资交流会，展销地方名小吃，举办富有地方特色的歌舞、戏剧表演。因为桂湖也叫“升庵湖”，是古时四川难得的大学问家、仅有的状元——杨升庵的故里，文气极重，所以人们都爱来此风雅。

PART 10

成都古镇上的风物人情

成都附近的区、市、县有十来个保留基本完整的古镇，那些地方是成都文化的基础，也是都市喧嚣的后花园；在那里，有着与自然最亲近的景致和人情味，因此古镇也成为成都旅游的重头戏。在那里走走，岁月仿佛回到了一个世纪以前，除了看那些陈旧的门坊和窗棂、长长的石板路外，人们更能贴近当地普通老百姓一日三餐的荤素搭配。

尽管不一定能够一一走到，但是选择几处去体会一下是必需的，否则对于理解成都的民俗定是一种遗憾。

01 黄龙溪古镇

黄龙溪古镇是保存完好的明清时代建筑。石板街面，青瓦木楼，房舍窗棂无不呈现着永远的古朴宁静。因为木质建筑多，所以至今还有夜晚打更报时防火烛的习俗，六棵千年榕树还枝繁叶茂，遮天蔽日，给古镇更增添了雄浑厚重。镇内现还保存有镇江寺、潮音寺和古龙寺三座街庙，这让人会生出些疑惑来：如此一路走到底的地方，竟然建有三座庙宇，而且处处都还烟烛缭绕，香客不断的样子，是选择性地去拜呢，还是认着某一家去拜？这似乎是一件让人纠结的事情。要弄明白这些，怕只有自己到跟前去询问了。

除了庙宇，这里还保存了一个完整的当铺和一个旧时衙门遗址。传说黄龙溪过去是个三县交界的水码头，人来人往，多为渔为商，地段上难免发生些官民案件，如果交由周围三县查办总会有相互推诿，因此上级府衙就干脆在此单设一处专办交界地案件的特别衙门。所以，现在人们看到大门口的“肃静、回避”时，就好像看到了古镇那时的热闹与章法。

幽深的老街，光溜溜的青石路弯弯曲曲，本是个安静的地方，只是近年来开发旅游，街道两旁开起了众多小饭店，门前大多飘摇着一面蓝底白字的酒旗，什么“鱼香子”、“吕回头”、“唐酥店”等。古镇的石磨豆花非常有名，几乎每家都会做，但又各有特色。黄龙溪小吃极有特色。鹿溪河中的小鱼被当地人称为“猫猫鱼”，用面粉裹了油炸后下酒非常美妙；黄龙溪粉蒸肉口感极佳，肥而不腻；黄龙溪野菜也是很多馆子的必备菜，最常见的是灰灰菜、折耳根之类。

最有特色的还有古镇上的茶馆，路两旁、河堤上、竹林下，比比皆是，成为古镇上一道特别的风景。传说中一碗茶两三块钱便可以坐一天的情形还在，只是茶钱已经涨至20元了，要是遇上正月初二至大年十五的耍火龙，可以看到那个让人心花怒放的场面。

02 洛带古镇

洛带古镇位于成都东面龙泉驿区北 10 公里，建于三国蜀汉时期，传说因蜀汉后主刘禅的玉带落入镇旁的八角井中而得名。但洛带的名气更来源于这里有很多的湖广客家人居住，这里的建筑很有特色，大多为晚清与民国时的式样，广东会馆、湖广会馆、江西会馆、川北会馆、洛带公园、凤仪馆、博物馆、基督教堂等古建筑构成了洛带的独特景观。

洛带有“中国西部客家第一镇”之称。

明清以来成都便是外省移民的主要入籍地，在洛带相继迁入有广东、湖北、江西、陕西和山西等省的移民，也因此这里南北移民杂处，南腔北调共存，此时这里的居民大多还操明清时的“老广东话”，是一个典型的外地文化集中区。每年，这里会举办客家人传承下来的特色民俗活动“水龙节”和“火龙节”。

会馆是洛带的最大看点，它是各籍人士的宗祠。广东会馆是四川客家建筑中的杰作，也是洛带古镇的重要标志。会馆建于清乾隆十年（1745），是目前四川境内保存最好和面积最大的一处客家会馆。它的主体建筑由前、中、后三殿构成，其中后殿为二楼一底的重檐歇山式木构建筑，顶覆盖以黄色的琉璃筒瓦，两侧有高拱曲起的防火墙，给人以气势恢宏、古朴庄严之感。由于保存完好，广东会馆已被有关人士认定为国内现存最完好、规模最宏大的会馆之一。会馆中堂悬挂着一副古色古香的对联，上书“叭叶子烟品西

蜀土味，摆客家话温中原古音”，显出一种文化上的源远流长。这里常常举行一些客家民俗活动，如吃客家菜、穿客家衣、睡花板床等，之外还有精巧雅致的江西会馆、玲珑小巧的湖广会馆、巍峨挺拔的川北会馆，它们共同构成了洛带全国首屈一指的客家会馆文化。如今，会馆中的地方名吃成了旅游特色，包括广东会馆的伤心凉粉、酿豆腐、粑粑肉和素烧鹅，江西会馆的客家泼辣鱼、老干妈蒸鱼、客家品碗，以及川北会馆的风味烧鱼、川北凉粉、千禧排骨。

03 平乐古镇

平乐古镇距成都大约100公里，是古城邛崃的一个镇，它最为著名的标志是南方丝绸之路的起始处。平乐古称“平落”，史前蜀王开明氏时期，平落四面环山的绿色小盆地即因修水利、兴农桑而得名，到西汉时期就已形成集镇，迄今已经有两千多年历史了，文化底蕴十分丰厚。

古镇的“古”，以古街道、古民居、千年古榕树群、古石拱桥、古驿道、古堰、古茶、古歌、古造纸工厂而著名。在自然景观方面，一条白沫江穿镇而过，碧水萦绕，鸥鸟出没，四季风景如画。所以，这个川西水乡沿河就有一些吊脚楼和滨水茶座。沿河几棵千年古树巍然卓立，十几条古街贯穿古旧民居，从每个角度看都是一幅从前的图画。镇东金华山上，有始于隋，盛于唐的摩崖大佛石刻群，满山的浮雕石刻极为丰富，属国内罕见。另外，在古镇的东面 1 里的骑龙山上，还留有建于汉代的“五尺官道”，那是保存完好的古驿道。此外，还有极有佛学价值的观音院、倒石桥、倒马坎、落凭寺、五通碑，还有水上风景张飞滩、狮子滩及两条充满奇峰怪石的金鸡沟和满山翠竹的芦沟等一大批让人惊叹的名胜古迹。平乐附近的火井镇还是世界上最早的天然气开发地，西汉时期民间就以竹筒出火井引出燃烧，用来煮盐和冶炼。

现在每到节假日，都有大批游人到平乐游玩，成为异常火爆的旅游胜地。平乐的特色小吃有碗碗羊肉、碗碗香、饽饽鸡、奶汤面、羊肉火锅、泡黄豆叉海椒、特色茶、卤菜系列、烧血旺、烩豆腐、竹笋烧鸡、石磨豆花、野菜、老腊肉、南瓜馍馍等，都是天然绿色食品。

04 安仁古镇

如今逐渐成为中国的博物馆小镇的大邑安仁镇，是以刘文彩地主庄园而闻名的古镇，位于成都往西约 50 公里处。安仁古镇始建于唐朝，现存的旧式街坊建筑多建于清末民初时期，所以具有中西风格的特点，庄重、典雅、大方的各式院落，形成了安仁镇特殊的建筑风貌，是川西建筑文化的精品，且目前保存比较完整。大致分为红星街、树人街、裕民街、小洋楼、安仁中学、钟楼等构成的历史街区，以及刘氏庄园、刘湘公馆等古公馆园建筑群。

刘氏庄园是目前全国保存最完好的地主庄园，占地达7万余平方米。现名为“大邑刘氏庄园博物馆”和“川西民俗博馆”，其建筑恢宏壮观、布局错综复杂，配置对称，主次分明。是高墙深院封闭式院落，看那些山墙深巷、排窗重门，以及迂回曲折的径道机关，有迷宫一样的感觉，充分体现了近代川西富豪老宅的奢侈排场。

在庄园和古镇老街上的建筑中，人们看到的是非常突出的中西合璧特点，这不光让人能够直接触摸到那个时代的文化精神，还会产生对川西近代史的浓厚兴趣。

安仁，即取“仁者安仁”之意。始建于唐朝，兴盛于民国年间，因为刘氏家族势力的壮大而鼎盛发展。安仁镇除了建筑风格外，还因为刘氏家族的关系，历史上出了一大批显赫人物，当地流行的说法是“三军九旅十八团”，说这个小镇在一二十年里共出了三位军长、九位旅长、十八位团长。

05 街子古镇

街子古镇也叫街子场，在崇州城西北25公里的凤栖山下，与青城后山连接，依山傍水。它既得山灵水秀之惠，又有以唐代古刹光严禅院为中心的32座寺庙等古迹，融自然风景与人文景观为一体。

街子场有晋代古刹——光严禅院，凤栖山旅游风景区中有千亩原始森林千年银杏、千年古楠、上古寺、清代古塔，清末民初古建一条街；有宋代民族英雄王小波起义遗址，唐代一瓢诗人唐求故居；有神奇传说的古龙潭，五柜沱、云雾洞等：全镇各种文物古迹二十余

处。这里传说是朱元璋的出生地呢。

今天古镇的老房子多半是明清时期留下来的遗物，御龙桥边有十余棵高大的银杏树，大树枝叶繁茂地屹立在场口的大坝边上。在银杏树旁，有一座建于清末的红色的塔，做工精细，每当山风吹过，塔上的小铜铃会发出悦耳的声音，古人把这种塔叫作“字库”。

当地的特色食品是汤麻饼，为清朝后期一位叫汤长发的老人精心创制。采用面粉、白糖、冰糖、菜油、芝麻等原料，经制皮、制心、制油、制酥等特殊工艺程序后，烘烤而成。火工精当，黄而不焦，皮酥心脆，香甜化渣。另外当地还有山药炖乌骨鸡、山药肘子等药膳，家常小炒极为便宜，仅 6~8 元 1 份。

06 新场古镇

这个位于大邑县最早建制的镇，历史上曾是商贾云集的繁茂之地，作为成都最晚开发旅游的古镇，这里现还保存有 20 万平方米完好的清朝、民国时期的川西民居建筑，古风古韵的川西民居院落巷陌交错，曲径通幽。古镇街巷仍保存传统的“二纵、二横”、“七街六巷”的井字形格局，餐馆、客栈、茶肆、基础设施等一应俱全。漫步于青石板铺筑的河坝街，视野非常开阔，远处的村庄、树林，近处的青石栏杆、河流绕镇而过，到处是茶肆饭庄的幡旗飘扬。高档客栈“锦官驿”则有三进三出的院落，可休闲、娱乐、院坝、餐饮、住宿。“三家村”是一家乡村客栈，具有浓郁川西坝子乡村风情。远近闻名的百年老店“周血旺”的麻油鸭、黄糕等，或麻辣香嫩细腻可口，或香酥回味无穷，让人流连忘返。

07 西来古镇

西来古镇，是蒲江县的一座平坝小镇，是成都市历史文化古镇和十大魅力城镇之一。古色古香的老街，潺潺的小溪，葱绿的榕树，青灰的民居，小桥，流水，人家，自然清新中散发着幽幽的历史韵味和浓浓的民俗风情。

古榕树是下来河畔的一道美丽风景，12 棵树龄在千年左右的古榕树繁茂婆娑，青枝摇曳。“夫妻树”是两棵分离的树干在离地约 2 米处合抱在一起，合抱处长出许多根须，交织缠绕，枝叶繁茂，遮天蔽日。蜿蜒清洌的小河令古镇充满生机。流经来安码头时，河面变得开阔，河水也平静，河水清可见底。河水从拦水坝上泻下，冲在下面的鹅卵石上，激起一片片浪花，风吹来时，沁人心脾，凉爽无比，这是孩子们的戏水之处。

西来老街院坝上矗立着 20 米高清代建造的文峰塔，塔身呈六棱状，每层都是飞檐翘角。塔身四周是古典戏曲雕塑，并配有用九曲篆文书写的诗文，文峰塔上的报功堂里有一尊官神端坐其间。百姓传说：凡是做了好事有了功

德，到那里去报一声，他就给你记下来了。之后，神灵会根据一个人的功绩大小来决定增减寿缘，或施福降灾。塔身下有个大炉灶，是过去人们崇敬文化，专门处理字纸的地方，故名“惜字宫”。

西来的两个老戏台颇有趣：据说是钱姓和刘姓两家人各自建的，两台时常对唱戏，各唱各调，竞比高低。另外，在老街的一间屋子里，陈列着一具巨大的船棺。据说有3000多年的历史，这是蒲江县出土的第10具船棺。船棺长6.8米，直径1.5米，由一株树龄超过千年的楠木凿制而成。船棺是古蜀国上层社会最流行的丧葬礼俗，据说这具船棺出土时还有很多珍贵的随葬物品，其中的巴蜀图语印章更是价值不菲。

西来历史悠久，距今已有1700多年的历史。“西来”的得名，有两种说法，一说是从天上看，整个镇的民宅格局是一个标准的“西”字。第二种说法是出自“先有关帝庙，后有西来场”的典故。康熙元年（1662），临溪河泛洪水，将上游张魁场关帝庙内供奉的木刻关帝神像冲到了临溪场西林寺的产田里，西林寺的住持静慈和尚便捐出产田，新修了一座关帝庙。因一般的庙门都为南北向，唯有这座关帝庙庙门向西开，说是取不忘关帝从西而来的意思。清代有一位蒲江县县令到临溪巡视，赞叹关帝爷从西而来的寓意，正式改临溪场为西来场。

新兴街杜家菜馆有烧猪蹄、豆花、血旺，还有特别好吃的面。十字路口李家饭馆的烧肥肠、豆花，还有杨正君卤鸭店都是西来镇上很正宗的川味饮食。

08 元通古镇

清末民初，元通号称“小成都”。湖广、江西等省的商人纷纷到此经商并建造会馆。元通镇的民居保护较完好，如今全镇仍然有大片青瓦房屋。在不赶集的日子里，街上很安静，走在石板路上能清晰地听到自己的脚步声。元通有三绝：一是从麒麟街上的黄氏和罗氏故居能依稀看到元通曾经的华丽，那是庭院深深的三进大院，是以前元通镇大地主的住宅；二是永利桥古桥，为清嘉庆年间建造；三是镇上的文井江、味江和泊河江三江汇流处，好似一幅《清明上河图》。据方志载，岷江流域大小支流纵横交错，历史上通航仅两段，元通即其一，曾经是昔日川西河道上的水码头。元通依水而筑，场镇就在江边上，因此而得名。

09 怀远古镇

怀远古镇是崇州市的一个小镇，历史可以追溯到汉唐时期，占地仅 1 平方公里，但纵横交错的二十多条大街小巷布满了绸缎铺、茶行、竹编行、油行、药铺……逢上单日赶集，小镇上热闹非凡。怀远最有名气的是“三编”：藤编、棕编、竹编，几乎家家都有能工巧匠，藤、棕、竹在那些老人手上就成了一件艺术品，沿街摆开，让人眼花缭乱。

怀远有闻名全四川的“怀远三绝”：叶儿粑、冻糕、豆腐帘子。

叶儿粑是用大米、糯米加适量豌豆混合磨制的，成品色洁似乳，滋润爽口，有不粘盘、不粘筷、不粘牙的特点，故又叫三不粘叶儿粑。又因用柑叶包裹蒸熟，不仅有柑子的清香，而且具有理气祛痰的药疗效果。冻糕的制作工艺传统而独特，先将大米浸泡磨成浆蒸熟，然后入缸发酵，加生猪油和红糖，用玉米皮做壳，旺火蒸熟。滋润绵软，富有弹性，松泡化渣，油而不腻，香甜微酸。豆腐帘子已有五百多年历史，用大豆制成豆浆后，加入卤水浓凝，再用刷把搅匀，然后将纱布浸湿，铺入木匣，一层细布一层豆花，滤干成型。因其状若帘，故名“豆腐帘子”。

10 悦来古镇

悦来古镇位于大邑县鹤鸣乡，是通往西岭雪山、花水湾温泉的要道。悦来是一个典型的川西古镇，在悦来镇上一切都是安静祥和的：当地的老人们在慵懒午后的阳光下打着长长的川牌，坐在桥头的小茶铺里，喝着两元钱一碗的花茶，时间仿佛就此停滞。悦来古镇不大，只有 4 条街，而古建筑主要集中在悦来正街和河坝街上，基本是清末至民国时期的川西小镇建筑风格，中西方建筑风格元素融合的民居比比皆是，这是悦来古镇不同于其他古镇的特殊之处。

在悦来正街下段，有一排古老而低矮的围墙，据当地人讲这就是有名的“川王宫”旧址。河坝街的中段有座很小的庙宇，被当地人称为“张大夫子庙”，传说是为了纪念重修这条街道的当地善人。河坝街的尽头有座百年历史的铁锁桥，上面铺满木板，走在上面颤颤悠悠的，像是回到了从前。从镇上抄小路可以去附近的新场镇和崇州的怀远镇，翻过孙家坡又可到西岭雪山。

中央商务
川军抗日阵亡将士纪念碑

PART 11

书上看来的人物和故事

坐在成都的茶馆或者咖啡馆的某把椅子上，以晃荡的心情，翻一些闲书，读一些故事，那无疑是一件十分惬意的事情，譬如《三国演义》，譬如《唐诗三百首》，譬如《成都我的家》……

当一些成都的老故事从里面跳跃出来，我们都要留神一下，比对一下，看看它们刻在现在城市身体上的还有哪些痕迹。

1 STORY

古蜀时期的“开明王迁都治成都”

公元前347年，是中国历史上的战国时期，古蜀国开明九世废帝号称王，迁都赤里（今天府广场以北的五担山一带），建立庙宇，成都首次成为都城。蜀王没有采用当时西周营国制度对正南北中轴线的模式，而是依地势采用了北偏东约30度的轴线来定位建城。此后的城市中轴线便略偏，后来的秦大城、唐罗城也据此来完善自己的方格路网结构，沿袭至明初，近1700多年里城市基本格局不变。常璩的《华阳国志·蜀志》中证明了这个事实：“开明王自梦郭移，乃徙治成都”，“九世有开明帝，始立宗庙，以酒曰醴，乐曰荆，人尚赤，帝称王”。有学者以此解释开明王朝放弃原来的都城而徙治成都的原因，认为常璩所说“梦郭”并不是做梦，梦是泽的意思，郭是外城或外围之意。譬如《尔雅·释地》称楚有云梦二泽，江南为梦，江北为云，到了后世才淤成陆地。将泽称为梦，那是古代楚地的民俗。而鳖灵本是荆楚之人，于杜宇时代带着族人入蜀，治水有功取代杜宇建立了开明王朝，故其家族仍保持着楚地风俗。由此可见“自梦郭移”是由于原来都城的周围因洪水成了大泽，故迁成都。此说虽然是一种分析，但也是比较有见地的一家之言。用历史的眼光来看，开明王朝在当时是出于无奈才做出了这个明智的决定。此后，成都都城建立，成了开明王朝的政治、经济、文化中心，并由此而兴盛，成为长江上游的古蜀文明中心。

2 STORY “秦相张仪筑成都”

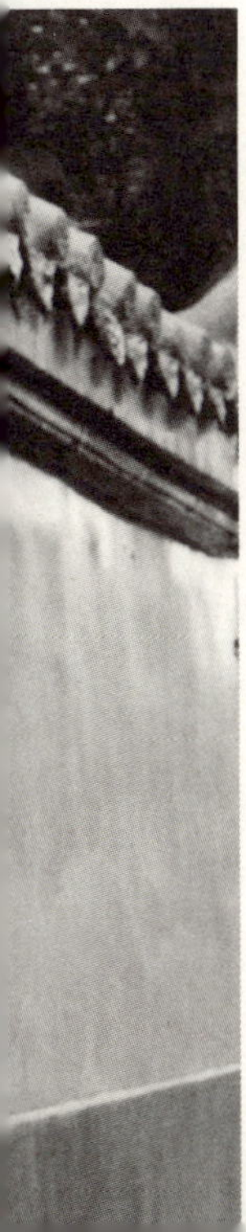

公元前 316 年，秦灭蜀，秦国大夫张仪和将军司马错率军队占领成都，蜀国灭亡，秦改置蜀国为蜀郡，并委张仪筑城。然而这个首建工程并不顺利，有传说是围城时屡筑屡垮，正在犯难之际，有一只灵龟前来相助，它在张仪面前绕行一周后便死去。这使张仪心领神会，遂沿龟迹再筑城，果然城墙牢牢立稳了。这是在晋代干宝《搜神记》卷十三中所说的“秦惠王二十七年，使张仪筑成都城，屡颓。忽有大龟浮于江，至东子城东南隅而毙。仪以问巫。巫曰：‘依龟筑之。’便就。故名‘龟化城’”。

有人评价道：在中国历史上，秦国人对修筑城墙有着特别的爱好，不仅一座城市要用城墙围起来，一个国家也要修一道墙围起来，万里长城就是他们的杰作。我们今天可以解释为：张仪在成都筑城墙遇到的最大问题其实是选址问题，后来彻悟了，城市也就真正建牢实了。特别是经过 2008 年 5 月 12 日的汶川大地震，成都的人们再次笃信张仪筑成都城之初所依据的东方风水原则是千真万确和造福千秋万代的。

3 STORY

“一座盛产诗文的古城”

成都的文脉可以上溯到秦汉立远，之后历代文豪辈出，皆是因为古代的成都远离中央朝政，蜀道难和盆地的隔绝使得成都相对封闭，而这正是夫子学士们埋头书斋、刻苦攻读的地利条件，同时成都地方的风调雨顺温饱有余的生活环境和崇文风尚，也是士子们饱学成就的重要因素。

扬雄 中国古代最著名的辞赋大家，本姓杨，少时好学，博览多识，酷好辞赋，又标新好奇，特自将杨姓为扬。扬雄模拟《易经》作《太玄》，模拟《论语》作《法言》，还有《甘泉赋》《羽猎赋》《长杨赋》等大作，在《法言》中，他主张文学应当宗经、征圣，以儒家著作为典范，这对刘勰的《文心雕龙》颇有影响。扬雄还著有语言学著作《方言》，是研究西汉语言的重要资料。扬雄晚年对赋有了新的认识，认为作赋乃“壮夫不为”的“童子雕虫篆刻”，并认为自己早年的赋和司马相如的赋一样，都是似讽而实劝。这种认识对后世关于赋的文学批评有一定的影响。

杜甫 中国最了不起的诗圣，在他生命的最后10年来到成都。按照“自古文人多入蜀”的规律，他在来到成都后，在浣花溪畔的茅屋中遥望西岭，从锦水之中感知世道，从萧瑟秋风里为千万广厦而呐喊……正是因为他在成都的三年中作诗流传240余首，所以给成都的后世带来了特别的荣耀。杜甫诗风沉郁顿挫，忧国忧民，亦被称为“诗史”，在历朝历代，人们都以杜甫的名字和杜甫的诗歌来作为自己所在城市的文化彰

显，本地的文人更是以效仿和依承杜诗风骨为文化精深的表现。他有关草堂的诗都写得很好，既是一道道文学艺术的峰峦，也是一幅幅留给后人认识公元 8 世纪成都和锦江面貌的珍贵写真，以至于今天的人无论说什么做什么也一定要从那些诗当中去引词摘句，进而找寻到成都曾经的历史光辉。如《赠花卿》“锦城丝管日纷纷，半入江风半入云。此曲只应天上有，人间能得几回闻”；《蜀相》“丞相祠堂何处寻，锦官城外柏森森。映阶碧草自春色，隔叶黄鹂空好音”；《江村》“清江一曲抱村流，长夏江村事事幽。自去自来堂上燕，相亲相近水中鸥。老妻画纸为棋局，稚子敲针作钓钩。但有故人供禄米，微躯此外更何求！”《春夜喜雨》“好雨知时节，当春乃发生。随风潜入夜，润物细无声。野径云俱黑，江船火独明。晓看红湿处，花重锦官城”等，全部是实实在在对成都的赞美。

陆游　南宋著名诗人、词人。陆游是越州山阴（今浙江绍兴）人，却在成都古蜀郡做官，时任通判一职，因才情不凡，所以留诗若干。一生著作丰富，有数十部文集存世，存诗 9300 多首，是中国文学史上存诗最多的诗人。陆游具有多方面文学才能，尤以诗的成就为最，在思想上、艺术上有卓越成就，成为南宋一代诗坛领袖，在中国文学史上享有崇高地位。

常璩　东晋蜀郡江原小亭乡，今成都崇州三江镇人氏。大约生于 291 年，卒于 361 年。常璩出生于常家大族，青少年时期广读典籍，掌握了极其渊博的知识。十六国时期，成国建立者成武帝李雄在四川建立政权后，网罗旧家大族，任命常璩为散骑常侍。

东晋大将桓温伐蜀，军至成都时招募贤才，授常璩以参军之职。之后，常璩写成《华阳国志》，旨在赞誉巴蜀文化悠远，人才济济，以反抗建康士流对蜀人的轻藐。因资料新颖可靠，叙述得法，文辞典雅，成为名闻中外、影响深远的史学巨著。是我国现存最早，内容和体例都较完备的地方志书，

是研究我国西南地区山川、历史、人物、民俗的重要史料，也是中国历史上第一部地方志书。

杨慎 号升庵，明弘治元年（1488）生，成都新都人，官翰林院修撰，经院讲官，24岁中状元，因议大礼被流放，72岁死于云南保山。杨升庵是著名的学者、诗人和文学家，对哲学、史学、天文、地理、医学、生物、金石、书画、音乐、戏剧、宗教、语言、民俗、民族等学科都有极深的造诣。他一生博学，著作达四百余种，著有古乐府杂言名作《三岔驿》、七言古诗《垂杨篇》、七言律诗《春兴》、五言古诗《海口行》和七言绝句《滇海曲》等名篇。

吴虞 四川新繁，今成都新都人。肄业于成都尊经学院，戊戌维新时始求新学，在成都以教学馆为生，曾参与创设溥利公书局。1905年赴日求学，回国后任成都府立中学等校教员。一度主编《蜀报》。辛亥革命后，曾加入共和党，兼《四川政治公报》主编，后著文反对袁世凯称帝。之后在《新青年》撰文对封建礼教予以严厉抨击，因而被称为“只手打孔家店的老英雄”。

巴金 现代文学家、出版家、翻译家。同时也被誉为是“五四”新文化运动以来最有影响的作家之一，是20世纪中国杰出的文学大师、中国当代文坛的巨匠。巴金晚年提议建立中国现代文学馆和文化大革命博物馆。《家》《春》《秋》激流三部曲是其代表作，也是我国现代文学史上的标杆作品之一。我国文学界有“鲁郭茅，巴老曹”的美称，说的正是中国当代文学界的泰斗：鲁迅、郭沫若、茅盾、巴金、老舍、曹禺六位。

“三国时的蜀国丞相诸葛亮”

三国时期蜀国的丞相诸葛亮，是全中国人都再熟悉不过的。诸葛亮自 27 岁自隆中走出卧龙岗，躬身事主又 27 年。在人生的最后 8 年里，他的全部抱负就是先后五度出兵北伐曹魏，直至公元 234 年征战途中病逝五丈原。

《三国演义》中对于诸葛亮是美化的，是家喻户晓的智的化身，但是史学中对于诸葛亮的北伐及对其本人的评价，一直还颇有争议。

有人写道：主观方面，诸葛亮天才地设计了立足荆州、西图巴蜀的战略蓝图，蜀汉才能以最弱的力量，周旋于吴、魏之间，鼎足之势方成。诸葛亮的军事才能，更主要是表现在攻城略地的局部战争上，他可以神机妙算，玩弄对手于股掌之中，而大规模的军事行动需要政治家的大局观、大智慧及纵横韬略，军事大对决的实质是政治大对决。从这个角度考察，诸葛亮似有目不视睫或顾此失彼之嫌。

当时曹魏版图数倍于蜀国，兵多将广，国力强大，政权也非常稳固，而蜀国在三国中最为弱小，地处封闭，又连年烽火，人心思定，当务之急是休养生息，医疗战争创伤，富国强民。如若穿过穷山恶水的蜀道，强行以弱小之师与精壮之旅正面作战，大获全胜的概率几乎为零。

诸葛亮力排众议一意孤行，“不伐中原死不休”，他把名垂青史看得比什么都重要，甚至为此付出多大代价也在所不惜。一统江山建功立业的强烈愿望，使他未能做出正确选择，结果仍屡败屡战。

于此，我们有些无语，演义和问题研究看来的确不是一回事，故事在这边，道理却在那边，就像每天打开电视机看到的那些永远放不完的连续剧，不过演的是一种娱乐戏。当午后的太阳斜照在写满古董的书籍上，我们料想翻开下一页时必又会还有些其他的说法，作为读者，我们能做的就是在喝茶和伸懒腰之余稍微活动一下筋骨，而不是别的。

5 STORY

“张献忠剿四川，杀人如麻”

张献忠（1606 ~ 1646），陕西延安人。明崇祯三年（1630）于米脂起事，自号八大王，克凤阳、焚皇陵、破开县、陷襄阳，胜战连连。崇祯十六年克武昌，称大西王。次年，杀入四川，建大西政权于成都，即帝位，年号大顺。

本来与李自成同为明末农民起义军，而已在湖南和江西取得重大战绩的张献忠，后分道入川。有许多书籍都说他觉得李自成势力太大，自己索性走远一些，以免两虎争食。

传说他进川为王的途中，在山边拉屎时，随手扯了几片荨麻叶擦屁股，结果给蜇得跳起来，然后就认为四川的草都如此蜇人，那人一定也很凶，就起了杀人的狠心，并亲写“七杀碑”曰：“天生万物以养人，人无一善以报天。杀杀杀杀杀杀杀！”

张献忠在成都建立“大西”国，自称帝。传说凡张献忠所到之处，皆杀人如麻，不久蜀地基本杳无人迹。关于他杀人无数的传说许多，譬如，他以“开科取士”为名，共收取“进士”130人。然后把这些进士们尽杀不留。杀尽文生后，他又佯称开武科，待数千武举齐集校场时，巨炮一响，金鼓齐鸣，四周军士趁壁射箭，把武举们当成猎物一一射死。侥幸未死的，也坠于地上被践踏成泥。

“大西”国在成都开国期间，全无制度，甚至没有任何赋税政策，数十万大军衣食所需完全靠抢劫和搜掠，在“除城尽剿”的命令下，军队到各地掠屠民众，连穷乡僻壤、深崖峻谷也不放过。他还宣布，按杀人数目依次升官。直到张献忠的队伍灭亡时，营前竟有公侯大官无数，更可见其后面的无数冤魂。张献忠还把从王府和大户抢来的所有金属佛像器具熔毁，铸成“大顺通宝”的钱币。

据说张献忠之灭绝人性无论亲疏。对本姓好朋友也如此，他常与陕西老乡痛饮于王府之中，临行还要厚赠黄金珠宝。当酒足饭饱欢笑告退后，张献忠使人把他们尽数斩杀，拿回所赠金银。《蜀破镜》中记载他连自己的幼子也杀。

清顺治三年（1645）秋，四川人被杀戮殆尽，张献忠开始向陕西进发，临走前他焚烧了成都的宫殿庐舍，尽杀城中居民。直到在盐亭界凤凰坡，张献忠终被清兵捕获斩首。

而当清军到成都府时，已经是十里不见人烟的景象了，有传说全成都城当时只剩下了2000多人。《温江县志》上说，温江县由于张献忠的屠剿，“人类几灭”，1659年清查户口，全县仅存32户，男31丁，女23口。民国《简阳县志》卷十九记：“明末兵荒为厉，概成旷野，仅存土著14户。”经过这次劫难后，四川人中已经没有几个是土生土长的了。因此，才有了后来中国历史上规模最大的一次人口迁移——“湖广填四川”。

到现在，这还是个很热闹的问题，有人认定张献忠几乎杀尽了包括成都人在内的四川人；也有人认为那个时期本身就是一个空前的战乱时期，劫难之下，瘟疫流行也是原因，而且清军在杀人方面也同样凶残。从张献忠方面来讲，他草莽出身，其队伍毫无明确的政治主张，不靠暴虐也驾驭不了一个庞大的四面危机的农民起义政权。再者，关于对张献忠的历史评价更多的是他的敌对方——清政府所为，因此全部的屎盆子都扣到张献忠一个人的头上也很自然。再说，当政越短的王朝一般都恶评有加，而执政越久的往往都获得许多歌颂。这也是一种历史现象。

以上这些只是发生在成都400多年前的一桩未了之公案，时常为人们所论及。

6

STORY

“湖广填四川”

湖广填四川是指发生在清朝的大规模的移民。元末明初和明末清初，四川因战乱导致人口急剧减少。因此从中央到地方各级官府采取了一系列措施吸引外地移民，其中以湖广行省人口最多。以成都为例，清末《成都通览》曾记录“现今之成都人，原籍皆外省人”。

清康熙初年，四川巡抚张德地经重庆到泸州，沿途巡查，乘船走了好多天都没有看到几个人。

这是由于明末清初的30多年间，四川境内战乱频发，加上灾荒、瘟疫不断，清初四川人口只剩下50来万，成都全城只剩下人丁7万。到处凋敝荒芜，百里无人烟，成都北15公里的新都县城大街上甚至有华南虎出没。张德地赶紧把这一情况报告给朝廷。康熙帝下旨，鼓励向四川（包括重庆）大规模移民，还为此颁布了一系列移民优惠政策。这些政策为移民创造了好的环境和条件。这样，湖南、湖北、广东、河南等省的移民便浩浩荡荡地往四川涌来。

在湖广方面，按照朝廷颁发“楚民实川之诏”，官兵甚至采取了把一个个村子围住，强行捆押逼其村民入川的办法。

四川历史上一共经历过7次大移民。第一次是在秦灭蜀、巴之后，秦移民万家入蜀，四五万人。第二次是从西晋末年开始，全国性的北方人口南迁，在此期间，邻近四川的陕西、甘肃移民大量从秦岭进入四川。第三次在北宋初年，又发生了全国性的北民南迁，在这个时候，陕、甘移民入川。第四次是元末明初，以湖北省为主的南方移民入蜀。第五次是清初10余个省的移民入川，这次以湖北、湖南（当时行政区叫“湖广省”，还辖广西一部分）移民最多，移民人口达100多万。而今民间传说的“湖广填四川”是在老川人血泪快要流尽的时候发生的大移民，是一个特定的历史概念，指这次前后长达100多年的大移民。第六次是抗日战争前期到全国解放这段时间，先是有不少人逃难入川，后又有“大军南下”定居四川。第七次是20世纪末到21世纪初的三峡大移民，有许多人落户四川、广西、海南。

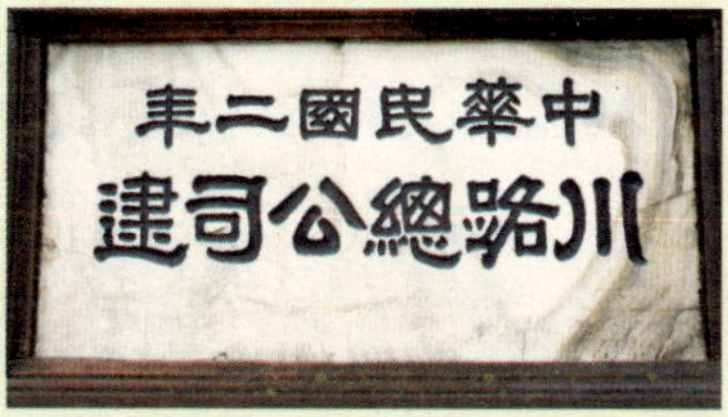

7

STORY

“辛亥革命的导火索”

辛亥革命是100年前的事情了，但是说到什么才是辛亥革命的导火索时，你我也许愕然。在对成都的游历和阅读中，正好可以帮助你完成对此的了解。

20世纪初，西方列强在华侵略势力深入我国铁路主权等许多方面，中国民族资产阶级力量的逐渐增长，使收回铁路主权的呼声日益高涨。

1903年9月，清政府为了推行“新政”，允准招商局集商股成立铁路、矿务、工艺、农务等公司。此后，各省的铁路公司陆续成立，开始商办铁路的兴建。1903年，在四川人民的强烈要求下，清廷准予自办川汉铁路，并于次年成立了川汉铁路公司。在这种形势之下，各省铁路公司陆续成立，收回铁路主权的斗争也开展起来了。

川汉铁路本是一条不借外债、不招外股的自办型铁路，其股本来源主要靠“抽租之股”，随粮征收，值百抽三，带有强制性。这样，全川人民，无论贫富，都与川汉铁路有了经济上的联系。但清廷为了渡过财政难关，1911年5月9日不惜出卖铁路主权以换取列强奴役性的贷款，宣布将铁路干线收归国有，并与英、法、美、德四国银行团签订借款合同，将粤汉、川汉铁路拱手出卖给西方列强。“铁路国有”政策公布后，立即引起湘、鄂、川、粤四省各阶层人民的反对，出现了广泛的保路运动。其中，保路运动规模最大、斗争最激烈的是四川。次月，四川即成立保路同志会，宣布“以保路、废约为宗旨”。9月，全省60余县成立保路公会，数千万人卷入运动。

清政府对保路运动采取严厉的高压政策，责令各省官吏对参加保路运动的人“严行惩办”；各省派到北京请愿的代表，也被“押解回籍”。因此加剧了全国人民的仇恨，和平保路开始转向了武装斗争。

四川同盟会会员龙鸣剑与王天杰等认为革命时机已到。他们邀请哥老会首领秦载赓、罗梓舟、胡重义、孙泽沛和张达三等在今资中罗泉井召开秘密会议，决定武装起义。他们把“保路同志会”改称为“保路同志军”，在成都新津和华阳设立总部。这样，四川的保路运动比两湖和广东的更为激烈，群众基础更为广泛。在四川的农民群众中，哥老会有相当大的势力。在同盟会会员的宣传、组织下，这场保路运动转为反清的武装斗争，而且形势锐不可挡。而此时的清政府却一意孤行，不仅撤了同情保路斗争的护理川督王人文的职务，任命赵尔丰继任四川总督，还一再严令赵尔丰以武力弹压保路民众。

9 月 7 日，赵尔丰诱捕了保路同志会的领导人蒲殿俊、罗纶、颜楷、邓孝可、张澜等人。消息传来，参与保路运动的数千名请愿的民众拥向督院街督署院内向总督请愿。赵尔丰又下令军警开枪屠杀，当场打死几十人，造成了“成都血案”。

“成都血案”发生后，成都一片白色恐怖，进城或出城、邮电交通全部被封锁。因为不能用信使，也不能通过电报通告外地，四川同盟会会员龙鸣剑与曹笃、朱国琛等人紧急磋商用木片代替电报和信件，用写好“赵尔丰先捕蒲、罗，后剿四川，各地同志速起自救自保！”字样的几百个木片，涂上桐油，投入锦江，被封锁的血案真相便以“水电报”的方式顺江而下，迅速告知下游各地。

几天之间，蜀中各地均因此得悉“成都血案”的真相，一支支“保路同志军”迅速组建，从全省各地向省城成都围攻而来。起义烽火燃遍巴山蜀水。同盟会会员吴玉章、王天杰等宣布荣县独立，这是辛亥革命时期革命党人最先建立的革命政权，成为成都东南反清武装斗争的中心。

清政府获知成都被围和四川各地同志军起义的消息后，先后调派端方从湖北带新军入川，还从湖南、广东、陕西、甘肃、贵州、云南等省派兵前往四川增援。湖北新军被调入川后，造成了武汉的空虚，给武汉革命党人发动辛亥革命提供了一个绝好的机会。

10 月 10 日，辛亥革命的第一枪武昌起义成功，各省相继宣布独立。赵尔丰眼见大势已去，被迫释放蒲殿俊、罗纶等人。11 月 27 日，大汉四川军政府在成都成立，由蒲殿俊任都督、朱庆澜任副都督。12 月 8 日，成都发生兵变，蒲、朱仓皇逃遁。军政府陆军部长、同盟会会员尹昌衡带领新军入城平乱，旋即改组四川军政府，由尹昌衡、罗纶分任正副都督。12 月 22 日，尹昌衡派兵逮捕赵尔丰，将其枭首示众。至此，清王朝在四川的统治覆灭，辛亥革命在四川取得胜利。

所以，四川保路运动成为武昌起义的直接导火线。孙中山后来说：“若没有四川保路同志会的起义，武昌革命或许要迟一年半载的。”

8

STORY

“川军出川抗战”

早就知道川军的说法，也从《抓壮丁》等作品中看到过川军那种短裤、草鞋的模样。但是，川军出川抗战的历史却是不甚为普通人了解的。

抗日战争是第二次国共合作下中华民族反对外来侵略的最英勇悲壮的民族解放战争，在这场真正的卫国战争中，共有300万川军出川抗战，其中战伤和阵亡64多万人，其参战人数之多、牺牲之惨烈居全国之首。

川军将领刘湘在卢沟桥事变爆发后，即发布《告川康军民书》，号召四川军民抗战，川军各将领纷纷响应。1937年9月5日，成都少城公园内人山人海，四川省各界在此欢送出川抗敌将士。

出川后的川军军纪是严明的，沿途鸡犬不惊，深受各地民众欢迎和景仰。八年抗战中，打了无数仗，作出了最惨烈的牺牲。最先被调往淞沪战场参加血战的川军第43军第26师和川军第20军，在装备极差的情况下浴血奋战。

八年抗战，四川是全国出兵最多的省份，平均每17个四川人就有1人参加抗战。而且，整个中国的钱粮支撑，主要靠四川这个“大后方”来负担。抗战最困难时期，四川一个省负担了国家财政总支出的30%以上。另外，四川出粮也最多，仅1941年至1945年四川共征收稻谷8228.6万石，占全国征收稻谷总量的38.75%、稻麦总量的31.63%。四川人民在自己的生活极限下，还在每次募捐活动中慷慨解囊，几乎把最后的活命钱都捐了出来。

在战略反攻阶段，从1943年12月起，盟军和中国战区决定在成都周围的新津、邛崃、彭山、广汉、温江、德阳等地新修或扩建军用机场，工程浩大艰巨，共动员民工150万人参加。无数衣衫褴褛忍饥忍饿的人民，流血流汗，硬是凭着一双双长满老茧的手和简单原始工具，在半年时间里修建完了几个军用机场。1944年6月16日，由盟军组织的第一批B29轰炸机群从成都附近各机场起飞，到日本八幡市上空投弹，将那里的日本军国主义的钢铁工业基地炸成一片火海。要是没有忍苦耐劳的四川人民，就没有这些鼓舞人心改变战局的壮举。

万般困苦艰难的情况下，四川百姓们勒紧腰带，加紧耕种生产，以不可思议的能力支援前方。川军的军火枪械、军衣等，主要是靠待遇菲薄的四川工人夜以继日加班加点生产出来的。在艰难的蜀道上，在险急咆哮的川江上、派道上，赤裸上身的航运船工，吼着悲壮的川江号子，不停地运输部队、军粮、难民和军需、民用物资……

掩卷而思，不觉热泪盈眶，于是有几个字必须喊将出来："壮哉——川人！"

9 STORY

一千多年前的"五星出东方利中国"

一个锦字让成都足足美了上千年，自汉唐以来，成都人开始在南河水中濯洗蜀锦织帛，于是就引得朝廷格外重视，专门派大员驻守成都督办官用锦缎织品。于是，成都人把南河和府河统统叫成了"锦江"，更有甚者干脆把成都也叫成了"濯锦之城"、"锦官城"。因此，锦在成都历史上的地位的确非同一般。

1995 年 10 月 26 日，在新疆民丰县尼雅遗址一座东汉末至魏晋时期的双人合葬墓中，出土了一块军队弓箭手使用的织锦护膊。它青底白色，赫然织就八个汉隶文字："五星出东方利中国"，令世人震惊，遂被定为国宝级文物。该锦为长方形，长 16.5 厘米，宽 11.2 厘米，为五重平纹经锦，经密 220 根 / 厘米，纬密 48 根 / 厘米，采用经线提花的织造方法制作，以宝蓝、绛红、草绿、明黄和白色等五组色经织出星纹、云纹、孔雀、仙鹤、辟邪和虎纹。其花纹之间贯穿隶书"五星出东方利中国”。按照这样的工艺，专家只能在成都推测其出产的可能性。为此，成都一家蜀菁文化公司的技术人员着眼于成都这个独一无二的中华锦官城，以及与锦难舍的特殊文化情结，近年主要挖掘开发蜀锦的历史文化，他们把这一新疆考古发现，按照古代蜀锦文物的思路进行了复原，用非常考究的织锦工艺，把这个一千多年前的蜀锦片断再次以精品的模样面世，看着那上面“五星出东方利中国”的字样，无不让令人惊奇，许多人坚持认为，这就是古成都人在织锦时的杰作，也是以实物留下来的祝愿和政治预言。

专家考证，“五星出东方利中国”一语最早可见于《史记·天宫书》中：“五星分天之中，积于东方，中国利；积于西方，外国用（兵）者利。五星皆从辰星而聚于一舍，其所舍之国可以法致天下。”古代“五星”指辰星、太白、荧惑、岁星和镇星，分别为现代天文学中的水星、金星、火星、木星和土星，古人发现了它们在太阳系内相对位置不变，并用它们时隐时现的变化来占验人间的吉凶祸福。“五星出东方利中国”，主要表达汉晋时期天象占星术和祈求强盛吉利，这种祝福吉祥的语词，在当时比较流行。据日本东京天文台研究的结论，在一定方向内能同时见到五星是罕见的天文现象，数十年、数百年才会有一次，下次出现将是在 2022 年 3 月 21 日前后。

10 STORY “一座来了就不想离开的城市”

有一份宣传成都的资料归纳得很有些章法，上面说成都有六大好：气候好，四季分明，适合人居；风景好，都江堰、青城山等风景名胜众多；饮食好，小吃品茗样样俱全；交通好，去西藏或到北方都很方便；文化好，古蜀时期成都就是都城，又有扬一益二的说法；速度好，都说成都是休闲城市，有大城市的气度却没有疲于奔命的快节奏。成都人善于这样颇为自豪地把自己的优点及优越感展示给外面的世界，不过，对于这么繁杂的文字，一些人还是颇有遗憾，想追求一种更加简略的表达。

PART 12

推开成都的文化门

成都的文化之门是厚重的，靠近并且推开它时，才发现它竟是如此地震撼人心，那一道道辉煌灿烂的历史文化沉寂在我们略知一二的中华历史典籍中，在成都把它们找出来时，竟是以下这些响亮名字：金沙遗址、望从祠、都江堰、青羊宫、武侯祠、杜甫草堂、永陵、文殊院、宝光寺。

古蜀遗址——金沙

著名的历史文化遗址，被誉为21世纪中国首项重大考古发现。金沙遗址位于成都市青羊大道，遗址代表了3000多年前的灿烂辉煌的古蜀文化。在出土的3000余件文物中，大都是工艺精美的金玉印饰品和翡翠饰品以及大量的陪葬品。该遗址文化与广汉三星堆遗址文化一脉相承，前后衔接，是中国考古史上继三星堆之后又一重大成就，属国家重点文物保护单位。

金沙遗址博物馆是在2001年2月考古发现的金沙遗址上建立的博物馆，占地面积400余亩，主要由遗迹馆、陈列馆、文物保护中心等建筑和生态环境园林区等部分组成。遗迹馆以发掘现场原生态保护展示为主。

金沙遗址的珍贵之处在于，它发现所揭示的是过去文献完全没有记载的全新内容。出土的千余件文物说明古蜀统治者的活动早在3000年前就开始了。因此，金沙的发掘改写了成都历史和四川古代史，出土的文物很多都是有特殊用途的礼器，应为当时蜀地最高统治阶层的遗物，这些遗物在风格上既与三星堆出土物相似，又表明该遗址与三星堆有着较为密切的渊源。

古蜀王庙——望从祠

是后人为望帝和丛帝建的祠庙，蜀人将此二位视为先祖，又尊崇为农神。“农时先祀杜主”一直作为蜀人的习俗，流传久远。

望帝即杜宇，丛帝叫鳖灵，是两位先后创业和开发蜀地的著名古蜀国皇帝。杜宇建立的蜀国大约在西周至春秋中期，其时正值古蜀族自岷山河谷进入成都平原后，由采集、渔猎经济转变为农耕、畜牧经济的重要时期。杜宇倡导农业，教民务农，促进了四川农业的发展。杜宇发展农业，开明平治水患，为蜀地成为“天府”打下深厚基础，受到蜀人世世代代的崇敬。

杜宇大约生活在公元前 7 世纪，据功称帝，定都今成都郫县。后将王位禅让给丛帝开明。杜宇自岷山河谷迁居郫县后，观察知蜀地水源充足，土地肥沃，适宜于农业生产，遂鼓励人们发展农业，并采取一些促进农业发展的有利措施。

从帝名鳖灵，善治水，跟随杜宇统治蜀，建立开明王朝。开明王朝初定都广都（今成都双流），后迁徙到成都。历十二世，亡于秦。李白所叹的“蚕丛及鱼凫，开国何茫然”，即说的这二位。

杜宇帝统治晚年，洪水暴发，造成水灾，蜀民不得安处。当时鳖灵尚居相位，就受杜宇帝委任排除水患。他依据地形及水势，凿玉垒山，开金堂峡，疏导宣泄，终使水患消除。杜宇帝感于鳖灵治水有功，便效仿尧舜禅让的故事，禅位鳖灵为开明，号丛帝。而望帝杜宇则退隐西山，后魂化子规，每年春天飞回故土，昼夜啼鸣，催农春耕，直至啼血染红山花，后来蜀人将一种白里间红的花称为杜鹃。

由杜宇、开明上溯，古蜀族先祖还有蚕丛、柏灌、鱼凫等氏系。今温江区万春镇，就相传为古蜀鱼凫王的鱼凫城，现在土垣已毁，古城遗迹依稀可寻。

造福千秋的水利工程——都江堰

都江堰是迄今为止人类历史上唯一一项跨越2000年还在造福人类的工程，也是人类利用和改造自然而获得成功的水利工程的范例，为人类文明史中共同敬仰的大文化、大智慧。

都江堰的堰体位于岷江由山谷河道进入冲积平原的地方。远古时，岷江从地势陡峻的山丛中奔涌而来，一到成都平原水速突然减慢，因而夹带的大量泥沙和岩石随即沉积下来，淤塞河道。每年雨季到来时，岷江和其他支流水势骤涨，往往泛滥成灾；雨水不足时，又会造成干旱。

在都江堰修成之前的二三百年，古蜀国杜宇王以开明为相，曾经在岷江出山处开一条人工河流，分岷江水流入沱江，以减少水害。秦昭襄王五十一年（公元前256），朝廷任命李冰为蜀郡守。李冰在前人治水的基础上，动员当地民众，利用自然地

势和水流原理建成了都江堰，使之成为一个自动控制水流量的防洪、灌溉、航运的综合水利工程，灌溉了成都平原上的万顷农田，使成都平原“水旱从人，不知饥馑”。

李冰采用中流作堰的方法，将岷江急流石埂分开，堰首有一道S形的缓冲段，初步使江水水势有一个控制，然后水中央筑有一个鱼头形状的分水堤，叫作鱼嘴，鱼嘴把岷江水流一分为内江和外江。汛期时，内4外6自动分水，非汛期内6外4自动分水，既保证了成都平原灌渠所需要的灌溉水量，另一方面也自动控制了汛期过多的洪水。为使水流不再污浊，飞沙堰利用离心力的原理把河水中的石头、泥沙从内江分离出来排放到水量已经得到控制的外江，为免这一段堆积堵塞，所以外江每年都会有一次岁修。李冰还在玉垒山上凿出离堆，宝瓶口就是玉垒山和离堆分开地方的峡口，水流过了宝瓶口就进入了内江河道。宝瓶口的作用就是像花瓶的开口一样把河道缩小，把水位抬高，超过水位的水量就从离堆旁边的河道排到外江，从而避免内江水量过大造成洪灾，是这个水利工程的第二道分水处。

都江堰保证了下游300万亩良田的灌溉，使成都平原成为旱涝保收的天府之国。都江堰的规划、设计和施工都具有比较好的科学性和创造性。工程规划相当完善，分水鱼嘴和宝瓶口联合运用，能按照灌溉、防洪的需要，分配洪、枯水流量。为了控制水流量，在进水口作三石人水尺，立于水中，坚持“竭不至足，盛不没肩”的标准。这些石人是原始的，起着水尺的作用，从石人足和肩两个高度的确定，可见当时不仅有长期的水位观察，并且已经掌握了岷江洪、枯水位变化幅度的一般规律。通过内江进水口水位观察，掌握进水流量，再用鱼嘴、宝瓶口的分水工程来调节水位，这样就能控制渠道进水流量。李冰还作石犀五枚，石犀和石人的作用不同，它埋的深度作为都江堰岁修深淘滩的控制高程。通过深淘滩，使河床保持一定的深度，可以保证河床安全地通过比较大的洪水量。这种数量关系的把握，正是中华先祖运用东方智慧在古代展开的一个实践行为，其精准度与现代流量公式的复杂计算完全吻合。

三国蜀国君臣合庙——武侯祠

“丞相祠堂何处寻，锦官城外柏森森。”这是古诗里对于三国文化圣地的特别介绍，丞相祠堂即大名鼎鼎的成都武侯祠。

这里既是全国最负盛名的诸葛亮、刘备纪念地，也是中国唯一的君臣合庙，始建于223年，主要由惠陵、汉昭烈庙和武侯祠三大部分组成，只是人们对诸葛亮的崇敬高过了昭烈皇帝刘备，因此将这里以武侯祠相称。殊不知，这里首先是作为君王的刘备的家庙。祠内古柏森森，环境幽雅，殿宇宏伟。作为全国影响最大的三国遗迹博物馆，系首批全国重点文物保护单位。博物馆由三绝碑、刘备殿、武侯祠、刘备墓、三国文化博物馆等景点组成，是一处全面展示三国蜀汉文化的博物馆，被称为“三国故地”。

川西“第一禅林”——昭觉寺

位于城北成都动物园背后，1983 年被国务院确定为汉族地区佛教全国重点寺院，是四川重点佛教寺院，也是我国重点的佛教活动场所，有川西“第一禅林”之称。昭觉寺自唐贞观年间创建（627~649），高僧辈出，在 1989 年由昭觉寺住持清定法师重建了现在的大雄宝殿、圆通殿、中鼓楼及念佛堂，使之成为西南地区规模最为宏大、壮观的寺院之一。

中国诗圣遗址——杜甫草堂

杜甫草堂是唐代大诗人杜甫流寓成都时的故居，按照当时的风貌，草堂被历代后人当作中国文学史上的圣地进行了修建，主要建筑有大廨、诗史堂、柴门、工部祠、少陵草堂等。如今，是一座历史博物馆，整个园内朴素典雅，楠木参天，有浓郁的文化气息。

759 年冬天，杜甫为避“安史之乱”，举家由陇右入蜀。次年春，在友人的帮助下，在城西郊浣花溪畔建茅屋而居，自称“草堂”。杜甫先后在此居住近 4 年，创作诗歌流传至今的有 240 余首。在杜甫诗中提到“万里桥西宅，百花潭北庄”说的就是成都草堂。杜甫在成都寓居近游时，赋诗题画，精彩之作层出不穷。他这时期的诗作如《春夜喜雨》《蜀相》《茅屋为秋风所破歌》等名篇成为

中国文学史上的千古绝唱。“两个黄鹂鸣翠柳，一行白鹭上青天。窗含西岭千秋雪，门泊东吴万里船”等佳句生动形象地描绘出诗人在草堂所见的春色和心境。765 年，他在成都的朋友严武病逝，杜甫失去了依靠，只得举家离别成都，经三峡流落荆、湘等地。

之后，草堂便不复存在，到五代时，诗人韦庄在此地寻到草堂遗址，重结茅屋，此后宋、元、明、清历代都有修葺和扩建，使这里成为融一处杜甫纪念祠堂和诗人旧居为一体的古园林。1961 年 3 月这里成为新中国第一批国家级的重点文物保护单位，1985 年 5 月成立杜甫草堂博物馆，2008 年被评为中国一级博物馆。

每年正月初七，成都的文人雅士会到草堂游玩，这是源于杜甫与高适曾经“人日”唱和的典故，所来人士于大雅堂前，或吟颂、或笔墨诗赋，以此凭吊诗圣。

川西“四大丛林”之一——文殊院

前身是唐代的“妙园塔”，宋代时名“信相寺”，明朝时毁于战火，唯有10尊铁铸护戒神像和两株千年古杉历劫尚存。清康熙三十年（1691）重修之后改称“文殊院”。

文殊院文物、宝物众多，寺内供奉大小300余尊佛像，有钢铁铸造，有脱纱、木雕，有石刻、泥塑，十分丰富。从年代而论，有出土的梁代石刻，有唐宋年间铁铸戒神，更有清代青铜铸像，还有缅甸玉佛。这些塑像文物价值和艺术价值极高，是研究古代雕塑、铸造的宝贵资料。寺内还珍藏明清以来的书画珍品，最著名的是康熙皇帝1702年御赐文殊院的“空林”墨迹，以及康熙临宋代书法家米芾的《海月》条幅。此外，还有印度《贝叶经》、唐代玄奘法师头骨、唐代日本馏金经简、千佛袈裟、发绣观音、挑纱文殊和舌血含宝等重要文物，并藏有自唐宋以来古今名人书画500余件，珍藏各类经书12万余册，其中有康熙皇帝御赐的《药师》《金刚经》等，还有自汉代以来的碑刻、雕塑、刺绣等实物珍品。

文物众多的佛教寺院——宝光寺

坐落于成都北15公里新都城内的一座寺庙。规模巨大、气势恢宏，当门有一“福”字照壁，凡进寺参观者都会先去摸一摸福。自照壁到藏经楼，一塔、五殿、十六院依次排列，布局严谨，次第有序。

成都市内道教圣迹——青羊宫

川西第一道观，全国著名道教宫观之一。坐落在今成都西一环路旁边，南面百花潭、武侯祠，西望杜甫草堂，东邻二仙庵。相传此宫观始于周，初名“青羊肆”。据考证，三国之际取名“青羊观”。到了唐代改名“玄中观”，在唐僖宗时又改“观为宫”。五代时改称“青羊观”，宋代复名为“青羊宫”。

主要建筑有灵祖殿、混元殿、八卦亭、无极殿（三清殿）、二仙殿、斗姆殿、唐王殿、柴荆台等。青羊宫是研究我国古代文化和道教文化的重要场所，全国重点文物保护单位。

宫内至今保藏有清光绪三十二年（1906）所刻《道藏辑要》经版，共13000余块，皆以梨木雕成，每块双面雕刻，版面清楚，字迹工整，为当今我国道教典籍保存最完整的存版，是极为珍贵的道教历史文物。

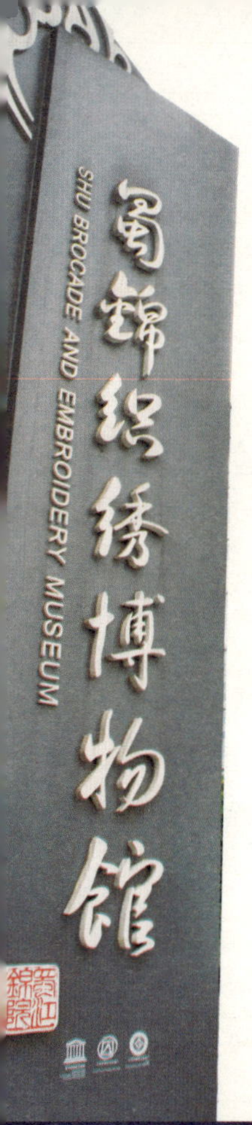

锦绣工场
——蜀锦织绣博物馆

在城西美丽的浣花溪畔，坐落着一座很有特色的博物馆——成都蜀锦织绣博物馆，它的前身是成都蜀锦厂。

博物馆由历代蜀锦、蜀绣、服饰、纺织机具展示，锦绣制作工场，展销三大部分组成，是目前国内最大的蜀锦蜀绣展示、保护、研究中心。室内有 4 座高大的木质器具。工作人员介绍这 4 座器具都是用来织造蜀锦蜀绣的，名叫作大花楼织机，织机整体是木质，工作时需要由两个人同时进行，一人于花楼拉动横线，相应的卫线带动经丝提升，形成开口，另一人则投梭打纬。据说这种大花楼织机最早出现在唐代晚期。

馆藏量最丰富的博物馆——四川博物馆

四川博物馆位于成都送仙桥，是馆藏量最丰富的一座博物馆，馆藏文物达30万件，其中国家一级文物1399余件，其中最有特色的是巴蜀青铜器、张大千绘画作品、四川汉代画像砖和陶塑、书画、佛教造像、少数民族文物、民俗文物、近现代文物等，有极高的历史价值和艺术价值，是一处不能轻易放弃的参观点。

百年历史的大学博物馆——四川大学博物馆

四川大学博物馆是中国高等学校中的第一座综合性博物馆，位于锦江畔四川大学校园内。1914年筹建，历时5年建成。馆藏文物4万余件，以西南少数民族文物、民俗文物，四川汉代画像石，画像砖、唐代佛教石刻、历代名纸、四川陶瓷、明清书画及工艺美术文物最具特色。其中有自邛崃出土的一尊精美观音造像，被公认为“东方维纳斯”。

触摸川菜的灵魂
——郫县川菜博物馆

“家无郫县豆瓣，不做正宗川菜。”这是四川的一句老话，像回锅肉、麻婆豆腐、豆瓣鱼等，若无郫县豆瓣会风味尽失。因此，郫县豆瓣历来被誉为“川菜之魂”。然而郫县豆瓣却源自明末清初的“湖广填四川”，有一位福建汀州的陈姓小伙随移民入蜀中，无意间摸索出了豆瓣做法，在到达郫县后，将做法教给大家，慢慢地，郫县豆瓣便成为川菜烹饪中的鲜香味美调料。

2007 年，在郫县的古城镇，一位民间投资人花巨资用了 10 年的时间，建成一座国内第一家以饮食文化为主题，以菜系命名的博物馆“川菜博物馆”，开辟了一个四川饮食历史文化的互动演示馆，并且成为一处主题旅游参观地，游人可以从视觉、嗅觉、味觉全方位地感受当下的川菜就餐形态和成菜过程。

走进川菜博物馆，汉代城墙砖砌的大门和典型的川西古民居建筑，让人印象深刻。朝着大门立起的照壁上，正面题写“民以食为天”，背面题写“茶饭相随，饮食相依”，互相唱和的两句话，似乎时刻提醒着前来参观的人们：这里就是川菜博物馆。

川菜博物馆有 3000 多件收藏品，展出藏品共 1000 多件，从使用功能上分为煮食器、盛食器、酒器、用餐器、茶具，从材质上分为青铜、牙骨、陶、瓷、铁器、木、竹。

在所展示的藏品中，最吸引人的是战国、汉唐以来与川菜息息相关的饮食器皿。游客能够观赏到千件藏品，其中有 2000 多年前的泡菜坛子、1000 多年前的火锅、100 年前的豆瓣……

古韵留香
——成都画院

成都画院是一所从事书画创作和美术理论研究的专门机构。在成都市中心的一处旧式老宅子中，毗邻宽巷子和窄巷子，是一处安静古朴的优雅环境，院内常常举办一些艺术展览，观看者不多，多为过路人，这家画院是成都的画家聚集之地，前庭有几处茶桌，花香四溢，有蝉鸟鸣啼，加之文墨书香，是一个闹中取静之处。

成都画院有名家和各类专业画家 10 余人，作品或细腻或粗犷，意蕴悠长。

艺术品展览地
——岁月画廊

这是目前为止成都规模最大的画廊，位于青羊大道东坡路优品街，是一个环境幽雅的欣赏艺术的场地。画廊面积 1700 多平方米，常常举办国画、油画、版画、雕塑、书法艺术作品的联展，一些大师如徐悲鸿、张大千、齐白石等人的作品也不定期展出。

中国现代艺术家聚落
——蓝顶艺术村

一处专为成都的现代艺术家修造的工作室基地，以周春芽为首的十几位当代先锋艺术家常年在此进行艺术创作，现在已经成为中国现代艺术的一个标杆。

成都当代的名人不少，除了那些屌丝、粉丝们所热衷的唱歌的以外，恐怕就要说到画家了。有人说，成都不一定出很多的思想家，但是绝对是个养画家的地方，这话不假。作为一个区域城市，成都在文化艺术方面是很有些领先风气的，有许多艺术风潮都跟这里有关。

周春芽是这个队伍的领军人物，他是一个谦和不走怪异路线也可以活跃在成都及至中国的现代艺术家当中的佼佼者，他的画作始终为评论家们所瞄准和跟踪，他那些有关色形的意念包含并反射着艺术家对时代和观念的理解和反思，无论是他的《绿狗》系列，还是《桃花》系列，全都在呈现出一种简单而复杂的情感。就艺术语言来说，周春芽是积极的，他以很人性的眼光来阐释物性，因而具有国际性的艺术品质。这位画家的作品价码是中国现代艺术品中最为高昂的，在成都三圣乡的河塘月色的蓝顶艺术村，周春芽等常常在那里的工作室做作品，或健谈艺术。

现代设计艺术之窗
——许燎原艺术博物馆

这是一座全国首家设计艺术类的私人博物馆，以著名设计艺术家许燎原的名字命名。博物馆坐落在三圣花乡水景广场旁，博物馆常设主展厅面积共2500平方米，分上、下两层，主要展示许燎原的酒类包装设计代表作、不锈钢装置艺术品、陶瓷艺术品、雕塑、概念家具、意识流水墨画及油画等。

许燎原是成都当代设计大师和艺术家，他对陶瓷艺术、雕塑、绘画、书法等诸多艺术门类均有涉猎，颇有建树，其成就包含了包装设计、平面设计、建筑设计、家居设计等多个门类，特别是他的酒类外包装设计囊括了中国白酒行业几乎所有知名品牌，多款作品具有极高的知名度和美誉度，并成为几所著名院校的经典教材案例。据说他的设计作品创造产值早已超过千亿元。大量经他设计包装的高档白酒和艺术作品被各界人士广泛收藏。

中華梨
CHINESE OPEA
蜀風雅韵
SHU FENG YA YUN
一曲鳳求凰

PART 13 咀嚼成都的过往

要了解成都，不看明白它的过去不行，因为这个城市的秉性绵长，骨子里也渗入了太多的历史文化营养，不了解它的从前就不足以认识它的今天。因此，你得适当地咀嚼咂吧一下，按照成都话来讲就是“当中的味道有点长”。

据说成都历经几千年沧桑，而城名节号却从不曾发生过变化，对于这一点，历史学家尤其看重，说在历史上改朝换代多有战争和杀戮相伴，所有的古城往往换个皇帝就换城名了，在风烟滚滚之中如果有一个城市不改城名的话，那就实在太意外了，可是成都这个城市就是做到了。大凡来到成都的人都想搞清楚这一点到底是为什么，但就是专家的说法也莫衷一是，总不能做到简而言之地解释清楚。

倒是成都街头的老百姓，他们有着自己的民间解释。他们说，这可能是因为成都人历来休闲懒散，凡事皆无所谓，要不然早就可以改了，只是每次都“懒求得改”，所以就保存至今。这当然是个笑话，只反映普通成都人的随意天性，不过要是在成都待上三天以上，准保你也会觉得这样的笑话中藏有三分道理。

01 / 古蜀至秦汉时期

有历史可以考证，成都早在一万多年前就已成为蜀地先民的活动中心。在市区和广汉三星堆的出土文物表明：

- 至少在 4000 年以前，古蜀先民们在这里创造了古蜀文明。
- 公元前 4 世纪，古蜀国开明五世（有一种说法是九世）取周太王迁岐“一年而所居成聚，二年成邑，三年成都”典故，废帝号称王，迁都赤里，即今成都上南大街一带，建立庙宇，成都首次成为都城，定名“成都”。
- 2001 年出土的金沙遗址表明，成都建城历史应当从公元前 311 年提前到公元前 611 年。
- 在秦汉时期，秦国于前 316 年先后吞并蜀国和巴国，即今成都和重庆，成都成为秦的属地范围。
- 公元前 311 年（周赧王四年，秦惠文王更元十四年），秦惠文王派兵平定蜀国叛乱后，蜀守张若仿咸阳建制兴筑成都城，公元前 310 年（周赧王五年）9 月完工。
- 公元前 256 年，新任蜀郡太守李冰造石人作为测量都江堰的水则，修造了都江堰。

• 公元前 141 年，蜀郡太守文翁在成都建立了中国最早的地方官办学堂“文翁石室”。他提倡教育，派人至京师太学学习，学成归来委以重任，并在成都城南修建石室学宫（今成都石室中学），重奖品学兼优的学生，开蜀中官府办学之先河。

• 公元前 106 年，汉武帝在全国设 13 州刺史部，在成都置益州刺史部，分管巴、蜀、广汉、犍为四地。

• 西汉末年，公孙述称帝时，又定成都为“成家”。

• 公元前 61 年，成都临邛（今邛崃）首次开采出深井天然气，用于制盐、煮饭和照明，以及金属冶炼。

• 西汉时期，成都的织锦业十分发达，朝廷便在这里设“锦官”，故有“锦官城”之称；由于缫丝、织绸、煮盐、冶铁、兵器、金银器、漆器等手工业发达，成都成为全国最早的商业都市。

• 西汉时成都人口有 7.6 万户，近 40 万人，是长安、洛阳、邯郸、临洮、宛之外的全国六大都市之一。当时成都城中的“少城”是一个商业发达的城区，古籍上总是讲那里的商品如何堆积如山，店铺货摊怎样拥挤。

• 汉代成都的文学艺术也有很高的水平，当时全国最有名的文学家司马相如、扬雄等出自这里。成都的汉代画像砖和画像石为后来中国美术奠定了重要的基础。

• 东汉末年，刘焉做“益州牧”，将原广汉郡雒县移治于成都，用成都作为州、郡、县的治地。

• 东汉建安十九年（214），刘备领军灭刘焉之子刘璋，自领益州牧，并在 221 年称帝，定都成都，国号汉，史称“蜀汉”，与魏、吴呈三国鼎立之势。蜀汉于 263 年被魏攻灭。

• 西晋永宁元年（301），李特率众攻占成都，建立农民政权。306 年，其子李雄在成都称帝，国号“大成”。338 年其后继者改国号“汉”，史称“成汉”。成汉政权前后历六世，至东晋永和三年（347）亡。

02 隋唐时期

隋唐时期，成都经济继续发达，文化空前繁荣。作为全国几大城市之一，名气仅在长安、洛阳、越州之后。农业、丝绸业、手工业、商业的发达，特别是造纸和印刷术的发展，使得经济发展仅次于国之东门的越州。

- 这时成都的手工“蜀绣”成为全国三大名绣之一，而机织“蜀锦”被视为朝廷专用的特别珍贡。同时，成都是中国雕版印刷术的发源地之一。

- 唐代后期，成都成为全国大部分印刷品产出地。因安史之乱，唐玄宗“幸蜀”到了成都，动乱平定之后，成都因接驾庇佑有功，在皇帝的提名之下便擢升为府。这之后一大批文学家，如大诗人李白、杜甫、王勃、卢照邻、高适、岑参、薛涛、李商隐等纷纷到成都来游历和暂居。

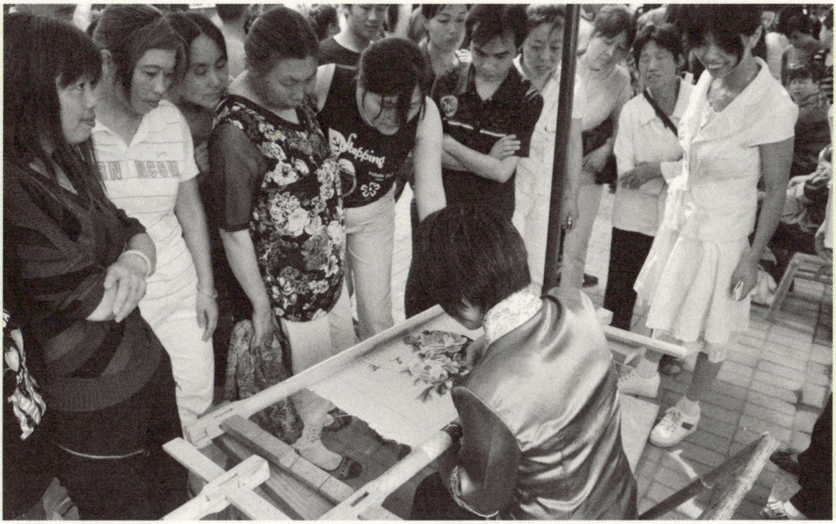

• 藏传佛教和汉传佛教开始在成都兴盛，成都修建了最早期的佛教庙宇建元寺（后称昭觉寺），而后又有一批寺庙建成，玄奘法师赴印度取经前，曾在成都大慈寺研习佛经。

• 天宝十五年（756），因“安史之乱”，唐玄宗入蜀避居成都。玄宗返长安后，唐朝政府升成都为“南京”。唐僖宗于广明元年（880），因“黄巢起义”也避乱入蜀，在成都居住 4 年。

• 唐大历三年（768），泸州兵马使杨子琳趁成都尹、剑南西川节度使崔宁奉诏入朝之机，趁虚突袭成都。崔宁之妾任氏，人称“浣花夫人”，出家财募众数千人，自帅以击之，杨子琳败走，成都得保。任氏护卫成都有功，朝廷封她为“冀国夫人”。成都人奉她为“守护女神”，后在成都西部浣花溪畔兴建了浣花夫人祠。

03 五代十国时期

五代十国时，各路英豪割据称雄一方，因而使成都成为自开明王以来第二个出皇帝的时代。

907 年，前蜀国建立。王建，今河南舞阳人，原为唐忠武军将领，后入禁军，出任壁州（今四川通江）刺史。大顺二年（891）自拥兵千人攻占成都，据西川。然后又占有梓（今四川三台）、渝（今重庆）诸州，遂有全蜀之地，被唐封为蜀王。后梁开平元年（907）王建在成都称帝，国号“蜀”，史称“前蜀”。918 年，王建死，其子王衍继位。925 年后唐庄宗李存勖发兵攻蜀，王衍降，前蜀亡。前蜀时期，少有大规模战争，社会生产基本上能正常进行。

明宗李嗣时期，授孟知祥为成都西川节度使。因孟知祥没有完成向唐王朝的纳贡，受到后唐皇帝李嗣的武力威胁，孟知祥便联合川东守将董璋抗拒后唐。朝廷发兵讨伐失败，后来孟知祥又打败了董璋，兼并了东川，攻占了秦、凤、成、阶四州，于 934 年在成都称帝，国号“蜀”，史称孟氏蜀国为后蜀（934~963）。孟知祥之子孟昶继任后蜀主

以后，真正成为一个坐江山的“地方皇帝”，孟昶有跟蜀地风物接近的偏好，他命成都百姓在城墙上种植芙蓉树，到了花开时节，成都城周围四十里，一派羡煞天下的锦绣风光。于是，皇帝笑了，文人骚客们也笑了。从此，成都因此被称为芙蓉城，后来简称“蓉城”。孟皇帝更是一个文化人，所以他还在这个时期亲笔书写了中国第一副春联，这就是著名的“丰年纳余庆，嘉节号长春”，成为中国民俗中备受推崇的范例。后蜀皇帝浪漫的艺术情结，以及实实在在的亲历亲为，带来了成都文化的极大繁荣，风范之下就有了比较典型的文化风尚和成就：

- 皇帝孟昶特创了中国最早的皇家画院“翰林图画院”。
- 成都画家黄筌开了中国工笔花鸟画派先河。
- 诗人赵崇祚编辑了中国文学史上的第一部词集《花间集》。
- 348~354 年，官员常璩编纂了中国最早的地方志《华阳国志》。

04 宋朝时期

宋朝时，成都经济、文化更加发达。丝绸业规模扩大，品种增多，蜀锦花样由唐时的10多种发展到40多种，能织出天马、流水飞鱼、百花孔雀、如意牡丹等新花样，每年成都生产的丝绸品占了全国总数的七成。

- 由于造纸水平高，唐朝廷规定，凡国家图书馆的书必须用成都造的麻纸来抄写。
- 其时，成都城里开设有专门的蚕市、药市、花市、骡马市、盐市等。
- 由于商业发达，成都诞生了世界上最早的纸币“交子”。北宋仁宗时，朝廷在成都设官办“交子务”，由官府公开印刷发行“交子”。
- 南宋宝祐五年（1257），元军攻占成都。元至元二十三年（1286），元朝中央政府在成都设置“四川等处行中书省”，后简称“四川省”，这个名称一直延续至今日。

05 / 明清时期

• 明洪武四年（1371），明军攻灭明玉珍在重庆所建的大夏国政权，在成都设四川承宣布政司，以成都为首府。明太祖朱元璋封第十一子朱椿为蜀王，王府设在成都，今人称其为“皇城”。

• 明崇祯十七年（1644），也就是清顺治元年，张献忠率军攻入成都，自立为帝，国号“大西”，称成都为“西京”。随后满洲八旗入川，与张献忠在成都激战。

• 清顺治三年（1646），成都全城焚毁于战火，随后的五六年间竟断绝人烟，因此当时四川省会曾迁往保宁府阆中。

• 清康熙年间，朝廷实施“湖广填四川”大移民，成都逐渐恢复生气，省会又从阆中迁回成都。清沿明制，设四川布政使司于成都，皇帝另派四川总督、成都将军驻成都。

- 清同治二年（1863），太平天国将领翼王石达开率兵入川，攻成都失败，被清军诱俘，在成都城内科甲巷被凌迟处死。
- 清同治十二年（1873），由川籍洋务派官僚、当时退居乡里的工部侍郎薛焕等15人倡议，四川总督吴棠与四川学政张之洞筹划，并集资在成都文庙街西侧石犀寺附近修建官办尊经书院，光绪元年（1875）春建成开学。书院并不以科举为目的，而更注重培养学生的真才实学。清光绪二十八年（1902），尊经书院与1896年成立的四川中西学堂合并为四川通省大学堂（后改称四川省城高等学堂），1931年合并组建为当时西部地区唯一的国立大学——国立四川大学。
- 清光绪三年（1887），四川总督丁宝桢在成都东门下莲池创建四川机器局，次年建成投产，这是四川最早的军用工厂。后规模不断扩大，辛亥革命后改称“四川兵工厂”。四川机器局是洋务运动在四川最突出的成果，客观上刺激了四川民族工业的产生和发展。

06 / 民国时期

清宣统三年（1911）6月，保路运动在成都发起，时任四川总督赵尔丰镇压民众造成的“成都血案”引发民众起义，直接导致了辛亥革命的爆发。是年11月27日，立宪党人蒲殿俊在成都宣布四川独立，成立大汉军政府并担任都督。

- 民国元年（1912）3月12日，成都大汉军政府与重庆之蜀军政府合并为四川军政府，军政府驻成都，尹昌衡任都督，张培爵任副都督。
- 民国十一年（1922），市政筹备处改名为“市政公所”。
- 四川大学、华西联合大学等一些现代教育机构开始在成都设立。
- 民国十七年（1928），国民政府置成都市为省辖市，并继续为四川省省会，正式改成都市政公所为“成都市政府”。

• 抗日战争爆发后，川中军民表现了极其强烈的爱国抗日情绪，先后有300万川军出川抗战，在中华民族史上留下不朽篇章。

• 许多沦陷区的工矿企业、高等学校和文化团体纷纷内迁来四川，成都因此成为中国大后方的中心城市。

• 中央陆军军官学校，即黄埔军校于民国二十六年（1937）迁至成都北较场，一直到国民党败退大陆，历时11年，有10期黄埔学员毕业于成都，这是黄埔在大陆培训学员最多的一个时期。此外，南京金陵大学、金陵女子文理学院、山东齐鲁大学、南京中央大学医学院及畜牧兽医系等，也于1938年前后分别迁到成都华西坝。

• 民国三十三年（1944）6月，从成都及其附近多个机场起飞的美军飞机，前往日本九州轰炸其军事工业基地——八幡钢铁工业中心，共出战机900多架次，为抗日战争作出了特别贡献。

61558666

PART 14 话说今日成都

成都现在的城区从外形上看非常规整，是全国各个城市中少有的方圆中正。尽管中心城区设有五个行政区，以扇面形式大体等分了这个城市，但从方便理解出发，或可用纵横分块的方式来做表述，譬如以城市的中心点——天府广场为中心，按照东西南北的道路干线划出一个个纵横坐标来。

01 / 成都城市中心区的四个象限

坐标的第一象限，是成都的东北方区域，这块靠中心城区的范围多为省市建筑公司的所在地，是一个完全意义上的建筑业集中区，成都自 20 世纪 50 年代以来的建筑公司及其宿舍都在这一带，其居民多是建筑工人家庭。这个方向的一环以外在当地俗称“东郊”，是原成都自 50 年代以来的工业区，所有的大中型国营厂矿都分布于此，近年这里人居改造基本完成，已经将生产企业迁出，逐渐显现新城区的风貌，在一些地方现在仍然留有历史的痕迹。

第二象限的西北方区域，在当地俗称“上风上水之地”，一直大多数是成都各级党政军办公机关的所在地，是历史上的“少城”所在地，同时这里也是成都近代以来典型的商住区。这个区域的一、二环路一带，主要是成都铁路系统和建材系统的各种机构、市场和居住区。

第三象限的西南方区域，是成都市的“文化胜地”，因为该区域分布有著名的武侯祠、杜甫草堂、百花潭、浣花溪之类的胜迹，所以在概念上人们最容易将此认为是成都最有“看头”的方位。

第四象限的东南方区域，是成都的“商区”和“学区”，集中了较多的商务机构和四川大学等教育和科研机构，因此这里应该是成都最有活力的一个区域。

四个象限的城市中心区被一环、二环、二点五环、三环、绕城路等六个层级的环城道路包绕，同时在“四个象限”的地下，是两条十字相交的地铁线路，南北线叫 1 号线，东西线叫 2 号线。又由 5 个城市行政区从城市中心进行大致均等的间隔管辖分割，并与作为卫星城市的远郊各个区、市、县地区相辅相成，共同构成一个完整的大成都体系。

从整体区域上看，现在的成都，总面积 12.39 万平方公里，总人口 1400 万，辖区有锦江、青羊、金牛、武侯、成华 5 个城区，龙泉驿、青白江、温江、新都 4 个郊区，都江堰、彭州、邛崃、崇州 4 个县级市，金堂、双流、郫县、大邑、蒲江、新津 6 个县。如果加上天府新区的面积，未来成都还将获得经济实力和质量的巨大突破。

此外，市区向南 10 公里以外的广大区域，是一个规划建设中的，叫作天府新区的跨行政区划的新经济发展区。今后，成都将在现有的老城市格局基础上，往南延伸，形成“一市双核”的新城市格局。

02 成都表达与表达成都

时下成都比较乐于表达的标志性名号至少有以下几个：

- 四川省省会、中国中西部地区重要的中心城市，中国西部综合实力最强、人居环境最佳的城市之一。
- 中国历史文化名城、首批中国优秀旅游城市、国家卫生城市、全国文明城市、全国“双拥”模范城，荣获联合国颁发的“人居奖”和“最佳范例奖”两项殊誉。
- “天府之都”，一座古代文明与现代文明交相辉映的西部中心城市。
- 稀世珍宝大熊猫的故乡，天府之国的中心和“窗口”。

• 历史悠久、文化底蕴厚重，风光绚丽多姿，名胜古迹众多而闻名于世的旅游、会展城市。

• “锦城”、“蓉城”、“锦官城”是成都的别名。芙蓉花是成都的市花，银杏树是成都的市树，太阳神鸟是成都的市标。

• 成都，一座来了就不想离开的城市。

因为成都地处中国西南腹地，所以尤其重视自身的国际化。目前，有 200 余家世界 500 强企业落户成都，成都已成为全球主要的笔记本电脑芯片 1/2 总量的出产地。美国、德国、法国、泰国、新加坡、韩国、巴基斯坦等 9 个国家在成都设立领事馆。成都已有西南地区最大的航空港。作为全国四大空港之一，双流国际机场开通了 170 多条国际、国内航线。有四条铁路：成渝、宝成、成昆和达成于此交会，作为全国公路最密集的城市之一，除成渝、成绵、成乐、成雅、成灌高速公路外，还有 3 条国道通过，形成了以川陕、川藏、川甘和成渝、成阿等 23 条省级以上公路为骨干的放射性公路网络。

03 / 成都的地理与气候

有许多宣传资料很标准地介绍了成都：位于川西北高原山地和川中丘陵之间，西部地势较高，平均海拔500米左右，中部和东南部是广阔的成都平原，成都是大河流经这里沉积而成的扇形平原，岷江、沱江及其支流自西北流向东南。这里自古以来就能实行自流灌溉，因此在古蜀时代就有了灌溉农业，加之土地肥沃，水利便利，故物产十分富饶，历来被称为“水旱从人，不知饥馑”的天府之都。

成都四周高山环绕，呈典型的盆地气候和亚热带季风性气候，春天来得早，夏天比较闷热，秋天凉爽宜人，冬天无严寒霜冻，日照相对较少，常常多雾而少风。四时气候温和，雨水充沛，年平均气温16℃上下，年平均降水量约1000毫米，每年7、8两月是雨季，春季和冬季少雨，冬天的气温极少低于5℃。7、8两月最热，天气最好的时间是3~6月、9~11月。总体上讲，这里“夏无酷暑，冬无严寒”，境内兼有山景、平原和丘陵之美，尤其是青城山、西岭雪山、九龙沟、九峰山、天台山、龙池等地较为幽静凉爽，是炎夏的避暑胜地。

04 / 成都的地方特产

成都特产不少，熊猫、川剧、蜀锦蜀绣、老腊肉等，全是跟吃喝玩乐有关的。据文献记载，古蜀国的君王蚕丛最早倡导养殖桑蚕。汉末三国时，蜀锦蜀绣就已经驰名天下，因此作为珍稀而昂贵的丝织品，蜀国经常用它交换北方的战马或其他物资，一度成为主要的财政来源支柱产业。唐代末期，南诏进攻成都，掠夺的对象除了金银、蜀锦、蜀绣，还有大量蜀锦蜀绣工匠。至宋代时，蜀绣名扬神州。

蜀锦　历史悠久、工艺独特，是中国四大名锦之一。蜀锦最早起源于战国时期，距今已有2000余年的历史，汉朝时期成都蜀锦织造业发达，出产的蜀锦就经过南北丝绸之路流传到阿富汗和印度等外域地区。成都的锦江也因历代民众在其中洗濯蜀锦而得名，蜀锦织造技艺现在已经属于国家级非物质文化遗产。

蜀锦质地坚韧而丰满，纹样风格别致，配色秀丽典雅，而且品种繁多，色络由粗渐细，白经由细渐粗，交替过渡，形成色白相间、呈现明亮对比的丝丝雨条状，雨条上再饰以各种花纹和图案，粗细匀称，既调和了对比强烈的色彩，又突出了彩条间的花纹，具有烘云托月的艺术效果，给人以极为轻快而舒适的韵律感。西南地区一些少数民族妇女喜欢用蜀锦纹样装饰围腰、头饰等。

蜀绣 四川刺绣品的总称，主产于成都，与苏绣、湘绣、粤绣齐名为中国四大名绣。

蜀绣以软缎、彩丝为主要原料，其绣刺技法甚为独特，至少有100种精巧的针法绣技，如衣锦纹满绣、绣画合一的线条绣、双面绣、晕针、纱针、点针、覆盖针等。绣品中既有巨幅条屏，也有袖珍小件；既有用作精美欣赏的，也有用作普通日用的。最著名的是《芙蓉鲤鱼》双面绣座屏和《蜀宫乐女演乐图》挂屏等，作品具有较强的表现力和艺术效果。人们常把蜀绣的艺术风格概括为严谨细腻的针法、淡雅清秀的色彩、优美流畅的线条、中国水墨画的格调。

郫县豆瓣 烹制正宗川菜的主要辅料之一，因此四川城乡居民都有自制豆瓣的习惯，豆瓣作坊、豆瓣厂到处可见。郫县豆瓣的生产已有一百多年的历史，其特色是味辣、香酥、色红，用以炒菜分外提色增香，被誉为“川菜的灵魂”。特别是用郫县豆瓣烹制的回锅肉、豆瓣鱼、麻婆豆腐等，具有浓郁的四川风味，被公认为川菜家常味中的代表作。

成都绿茶 成都产茶的主要有蒲江成佳、邛崃平乐和都江堰青城山几处。产茶历史悠久，茶叶花色品种丰富。按照茶的品质和采摘时间，分为横源、雀舌、鸟嘴、麦颗等。都江堰青城山出产的青城雪芽是近几年发掘古代名茶生产技艺，按照产地特点，吸取传统制茶技术优点创制而成的成都茶叶品牌。

瓷胎竹编和漆器 竹编工艺品中一种独具特色的品种。以瓷器器皿为胎，用纤细如发的竹丝，柔软如绸的竹篾，依胎编织而成。选料非常严格，编织技艺极高。工艺成品有花瓶、餐具、茶具、文具等。

另外，漆器也是成都市的文化特产，品种多样，造型美观，漆面透明如水，光亮如镜。主要产品有漆器屏风、攒盒、出土文物复制品、漆画艺术品等。

尾篇

瞄准下一个去处

这么多“好耍”的去处，即使用半年时间恐怕也很难“耍”遍前面所提到的成都许多地方。一般人也只在市内瞻仰一下武侯祠、青羊宫、杜甫草堂、文殊坊和金沙遗址等，再远点的恐怕能够看看都江堰、爬爬青城山、去平乐河边湿湿脚，到洛带吃碗伤心凉粉就算不错了。

其实，成都周边旅游圈的风光及人文资源也非常丰富。譬如三星堆、乐山大佛、峨眉山、卧龙大熊猫基地等也都是3个小时以内的路程，若不去走一走，那肯定是个缺憾。再往远处去自然更加美妙，有九寨沟、黄龙、四姑娘山、海螺沟、新都桥、塔公草原、西昌、亚丁、稻城、泸沽湖……

总之，从成都出发，第一可以寻访四川的名山大川，看乐山大佛，登峨眉金顶；第二可以去川西高原饱享绮丽风光风，游览那些雪山湖泊、草原湿地，体验那些纵情欢歌、民族风情；第三可以到凉山去赶火把节，去彝寨看选美，与老乡一起用手抓吃坨坨肉。要是还有更加远大的想法，那就约上朋友开辆越野车直接顺着川藏公路去西藏吧。

责任编辑：王欣艳
装帧设计：中文天地
责任印制：冯冬青

图书在版编目（CIP）数据

晃荡成都 / 苏伟著. --北京：中国旅游出版社，2013.4
ISBN 978-7-5032-4674-6

Ⅰ. ①晃…　Ⅱ. ①苏…　Ⅲ. ①旅游指南－成都市　Ⅳ. ①K928.971.1

中国版本图书馆CIP数据核字（2013）第026224号

书　　名：晃荡成都

作　　者：苏　伟
封面及封底手绘：Freyalise
出版发行：中国旅游出版社
（北京建国门内大街甲9号　邮编：100005）
http://www.cttp.net.cn　E-mail:cttp@cnta.gov.cn
发行部电话：010-85166503
排　　版：北京中文天地文化艺术有限公司
经　　销：全国各地新华书店
印　　刷：北京翔利印刷有限公司
版　　次：2013年4月第1版　2013年4月第1次印刷
开　　本：880毫米×1230毫米　1/32
印　　张：7
字　　数：140千
定　　价：39.80元
I S B N　978-7-5032-4674-6